旅游安全管理培训系列丛书

旅游者安全指南

 中华人民共和国国家旅游局◎编

中国旅游出版社

目 录
CONTENTS

第一章 一般旅游活动的安全问题与应对

第一节 制订安全的旅游计划

一、明确出游目的

旅游之前要先问自己:"为什么要进行此次旅行活动?"随着出游目的的不同,人们在旅游途中的选择、行程安排、饮食住宿安排、时间点选择等方面都是有差异的。所以出游前,明确并确定出游目的是旅游计划的第一步。

考虑出游目的的多重性。如您选择到异地参加商务会议,若时间充裕,在会议之余到当地旅游将是放松身心的好方式,但旅游时间要根据出游目的进行合理计划。

明确出游目的的优先性。为使旅行的效用和满意度最大化,游后能有收获感、满足感,最好能明确出游目的的优先性,按照优先程度选择自己喜欢的旅游方式。

结合经济、时间、身体等条件,作出切合实际的旅行计划。如,年过六旬的老人计划在冬天赴西藏观光、家住新疆并已怀孕六个月的女士决定赴四川体验当地"农家乐"等都是不切实际的出游计划。

出游前进行风险预测和危险判断。如不良天气、紧张的行程安排、过于激烈的活动形式等，都可能带来意外的安全风险，需要在出游前进行简单的分析和判断，出游决策一定要慎重。

二、选择出游目的地和出游时间

为了顺利而又愉快地进行旅游活动，在选择出游的目的地时应考虑下列因素：

（一）季节气候因素

季节气候因素既会对观赏、休闲的效果产生影响，也会影响旅游行程的安全性。我们经常会听人抱怨某景区"眼见不如耳闻"，其原因在于同一景观在不同时间会给人完全不同的感受。因此，在选择旅游目的地，特别是山水旅游目的地时，既要考虑到季节气候因素对观赏、休闲效果的影响，也要考虑到其对旅游安全的影响。

如，春季容易感冒、端午节前后容易遭受害虫侵扰，雨量充沛的夏季容易爆发泥石流，寒冷地区的冬季有冻伤的威胁。可见，根据出游时间选择恰当的出游目的地是满意旅游的基本前提。

（二）身体健康因素

选择目的地时考虑自身的健康状况可以避免不必要的麻烦和事故。这对于特殊旅游者尤其重要，如老年旅游者、怀孕旅游者、残障旅游者以及患有慢性病的旅游者等，这些人群更应该结合自身的健康状况来选择适当的旅游目的地。

- 探险旅游的目的地多为海拔 2000 米以上的高原、山地，不适合体质较弱的中老年旅游者。凡患有心、肺、脑、肝、肾以及严重贫血和高血压等疾病的人不宜到西藏、青海等地旅游。其他地区如云南西部、四川西部的高原地带和一些平均海拔在 2000 米以上的山峰，还有一些沙漠地带条件也较为恶劣，不适合体力较弱的旅游者前往。

- 有花粉过敏史的旅游者不宜在花期外出至风景秀美的自然风景区旅游。

- 患有风湿病、关节炎、腰腿病以及皮肤病的旅游者则不宜前往空气湿度较大的地区旅行。如初春的南方城市湿度普遍较大，患有以上疾病的旅游者应谨慎选择旅游目的地。

- 患有高血压、肺心病、冠心病、风湿性心脏病、先天性心脏病的旅游者不可去高原、高山地区旅行，而应选择气候温和、地势相对平坦的旅游目的地。

- 患胃溃疡或患过胃溃疡的旅游者尽可能不要在秋冬季节出游，因为胃溃疡特别是十二指肠溃疡在秋冬和冬春交接的季节最容易复发。

- 患有肺气肿、肺心病、慢性支气管炎或者属过敏体质的旅游者和 60 岁以上的老人则不宜在冬季北上旅行。

此外，对某些特殊疾病，旅游可以起到保健康复的作用。医学专家称之为旅游健康疗法。一般包括以下几种：

温泉疗法　温泉可使人体毛细血管扩张，促进血液循环，而水的机械浮力和静水压力作用可起到按摩、收敛、消肿、止痛的功能。因而温泉疗法对皮肤病、肌肉关节病、消化系统病、循环系统病等有较好的疗效。

海滨疗法　海滨的海洋性气候具有温差小、太阳辐射与反射强烈的特点，尤其适合进行日光浴。海滨疗养的适应症包括血液病、糖尿病、心脏病、神经性精神病、呼吸病、皮肤病等。

森林疗法　森林因树木的光合作用使白天林区富含氧气，另外，由于树木枝叶覆盖，水分不易蒸发，故较潮湿。森林气候一般适合于某些患有神经系统疾病的患者前去疗养。

高山疗法　海拔 1500 米以上的高山具有日平均气温低、太阳

辐射强及大气中飘尘和污染物少的特点，因此适宜于患有糖尿病、哮喘、结核、百日咳、精神分裂症的患者疗养。

（三）地方节庆因素

传统的地方节庆活动蕴藏着深厚的民间文化，它与自然风光和人文景观的交织更能立体呈现出生动活泼的地方历史与民俗风貌。旅游者选择旅游目的地若能考虑地方节庆活动的开展时间，则有助于更好地体验当地的民风、民俗。但同时也要考虑到节庆期间由于人流拥挤、游客多元而可能导致的文化差异冲突、拥挤踩踏事件等。

（四）区域文化因素

文化差异使人们产生了解异域文化的好奇心和欲望，并使人产生旅行的念头，旅游则给人们提供了满足好奇心的可能。一般而言，文化差异越大越能吸引旅游者，也越能带来旅游的满足感。当然，所谓"仁者爱山，智者乐水"，目的地的选择还是以个人偏好为主。

（五）其他安全因素

为安全起见，旅游者选择目的地时还应该考虑以下三个因素：

目的地可进入性 进入性较差的目的地，通常地理环境复杂，交通设施落后，泥石流、山体滑坡等地质灾害较其他地区频繁，发生突发性事故的概率也相对较高。中小学生、老年人、残障人士等身体素质相对较弱，自救能力相对较差的旅游者应选择可进入性较好的旅游目的地。

卫生、医疗条件 经济较为落后或者可进入性较差的地区，其卫生、医疗等条件也相对较差，甚至还会有一些地方性的传染病。因此，旅游者要充分考虑自身的体质、体力和抵抗能力，不要随意冒险。

社会治安状况 目的地社会治安状况会在很大程度上影响旅游

者的安全。一般来说，人口密集度较小的地区治安相对较好，而人口密集度大、人口流动性大或外来人口多的地区，社会治安则相对较差。

三、选择出游方式

出游方式主要包括三个方面，即是否参团、选择同游者和选择交通工具。

（一）是否参团

出游方式多种多样，从是否参团角度讲，有随团旅游、自助游、自驾游等几种。选择什么方式出游，要根据自己的经济情况和个人偏好等因素来决定。

1. 随团旅游

随团旅游包括全包价、半包价和小包价等几种方式。随团旅行最大的好处是省钱、省心（特别是全包团），可以独自一人也可全家大小一起参团，旅途中几乎不用自己操心，只需要养好精神，一路吃喝玩乐便可。随团出游的旅游者在报名前应打听旅行社的信誉，尽量选择有良好信誉和品牌的大旅行社，绝不可贪图便宜而选择没有信誉保障的小旅行社，并且，在出发前一定要与旅行社签订旅游合同。

2. 自助游

自助旅行虽自主性较大，但操作比较烦琐，特别是在旅游旺季，购买机票、车票以及在旅游热点地区解决住宿问题都可能会遇到麻烦。因此，自助游旅游者应尽量做到以下几点：避开旅游热点地区；委托朋友、旅行社或借助携程等旅游网站提前订房、订票；女性不要单独出游。另外，若是团体自助旅行，最好要有一半以上的男性朋友一同前往，并选择精明能干、有较丰富旅游经验的成员

作为领队，由其负责统一解决大家的吃、住、行等问题，切忌自行其是；也可以采取半自助的方式，即通过旅行社解决往返机票和车票，这样既可以节约成本，又能随心所欲地玩好。此外，体质较弱的旅游者不宜采取自助游形式。

3. 自驾游

主要有自备车和租车两种形式。自驾游应注意以下事项：女性切忌单独自驾出游，最好有多位持驾照的朋友同行，便于途中交替开车，减少旅途隐患，增加旅途乐趣；出发之前应该查明线路、里程、时间安排及价格等；不要选择偏僻、遥远的旅游目的地；出发前应对车进行一次全面"体检"，以免路途中发生意外；选择自己比较熟悉的车作为交通工具。

其他旅行方式如骑自行车旅游、徒步背包旅游等，旅游者可视情况而定。

（二）选择同游者

台湾学者李敖说："选择同行者比选择去哪里更重要，若选择不当，则前途有限，后患无穷。"有一段电视广告语说："人生就像一段旅行，在乎的不是目的地，而是沿途的风景和看风景的心情。"这些都说明了选择旅伴的重要性，选择对了将会为旅途增添许多意想不到的乐趣；若选择不当，则会为自己平添烦恼、影响旅游的心情。一般来讲，同游者可以分为家庭成员、同事、朋友、陌生人几类。

1. 家庭成员

在节假日或某位家庭成员的生日、结婚纪念日、母亲节、父亲节等特殊日子，可以选择与自己的亲人出游，增进与家人之间的交流和沟通，尽自己的一片孝心或爱心。若单独与父母或子女一同旅游，最好选择自己较为熟悉的旅游线路或者直接跟团，以保证旅途的顺利和老人的安全。

2. 同事、朋友

若出游仅为放松、休闲，可选择和自己的爱人、同事或朋友一同旅游。在同事和朋友中选择同游者时，有以下几条标准可供参考：较了解对方，志趣相投，消费标准接近，作息时间类似，身体状况良好，善于沟通，平时相处融洽等。另外，对女性来讲，如果只想要一个旅伴，那么最好选择男士，若需要两个或以上的旅伴，则男士的数量应不低于总人数的一半。这里的男士必须是比较熟悉的、可信任的朋友、同事。

3. 陌生人

少数旅游者会以网络或其他形式征友一起出游，这种方式有时会带来意想不到的惊喜，但也具有一定的安全风险。尤其对女性来说，最好不要采取这种方式。如果您选择这种方式，要注意不将自己的私人信息等透露给对方，更不要与异性建立暧昧关系，以免带来不必要的麻烦。对于期待旅途意外惊喜的旅游者，最好与几个朋友一起行动，不要独自会见陌生异性。

（三）选择交通工具

交通工具的选择是旅游计划很重要的一部分，选择何种交通工具应从时间、行程、经济能力、身体状况等方面综合考虑，选择最适宜的出行工具。

1. 飞机

从旅行的舒适度、便捷性、安全性、卫生状况等方面看，飞机是最理想的交通工具，但乘坐飞机应注意一些安全事项。

- 出发前，旅游者应保证充足的睡眠，并将身体调整到良好的健康状态，以免带来晕机、呕吐等不适症状。
- 飞机尤其适合于独自出游的女性和中老年旅游者。首先，方便的托运服务免去了行李的烦恼；其次，飞机的乘坐最为安全，踩踏、偷盗、诈骗、性骚扰等比较少；再次，飞

机上的餐饮也比较安全、卫生。携带 5 周岁以上儿童出游的亲子游，飞机也是不错的选择。

- 感冒流涕或鼻塞不通者（咽鼓管阻塞有鼓膜穿孔的危险）、重症贫血患者（血色素低于 60 克/升）、近 1 个月曾患心肌梗死、有不稳定型心绞痛、频发心率失常、心肌纤维化等的患者不适合乘飞机旅行。

- 另外，由于经常发生航班更改、延迟等问题，做旅游计划时应该把这些因素考虑在内，做好应变和补救的准备。

2. 火车

火车票价低廉，交通安全系数较大，晕车问题也相对较轻，还可以欣赏沿途风景。因此，对于时间充裕的旅游者来讲，火车是不错的选择。

- 在旅游旺季，火车站、火车车厢内常会出现人群拥挤的状况，踩踏、偷窃等安全问题发生频率也相对较高。因此，火车尤其适合中短程旅行，但女性旅游者最好不要买晚间或过夜的车次，以保证安全。

- 若行程少于 500 公里，最好选择 D 字头动车和 G 字头高铁列车；若行程超过 500 公里，最好选择卧铺，且优先选择 T 字头或 K 字头的车次，它们相对较为舒适、安全；尽量不选择 4 位数的车次，因为这类车次不仅慢、常常超员，而且卫生、安全状况差；若行程超过 800 公里，则应尽量选择乘坐飞机。

- 在校大学生或者女性朋友如果选择乘火车出游的话，一定要与三五个同伴同行，避免单独行动，以便途中相互照顾、照看行李等。

3. 汽车

考虑到旅游者的饮食、如厕以及驾驶员的精力等问题，因此，汽车比较适合近程旅游。另外，选择汽车作为交通工具之前一定要了解路况，若沿途路面质量较差、地势较复杂，最好乘火车，以免发生意外交通事故。若带小孩近程旅行，还是选择火车比较好，这样既不会晕车，也可以解决小孩频繁如厕的问题。

4. 自驾车

自驾车比较适合 2~4 人的近郊游，车程不宜超过 200 公里。

- 出游前，应将身体调理好，不抱病前往。
- 带小孩自驾游的旅游者，应该采取充分的保护措施以确保孩子的安全：①根据其年龄、身高、体重等配备合适的儿童汽车安全座椅；②在儿童座椅上安装头部保护装置，将急刹车时儿童头部可能受到的压力尽量减到最小；③用特制的安全带将孩子固定在座椅内；④按下安装在车门内侧的安全插栓，不要让孩子随意摇下车窗，将头或手伸出窗外；⑤锁好后备箱；⑥出游前对小孩进行简单的安全教育；⑦选择熟悉的旅游目的地，距离最好不超过 40 公里。若小孩小于 3 周岁，旅游者最好不要独自带小孩自驾游，以免因照顾孩子分散注意力而引发安全事故。

5. 轮船

轮船也是适合短程旅游的交通工具之一。选择乘船进行出游的旅游者，应做到以下几点：

- 出游前随时关注天气预报，若遇到浓雾、风浪等，最好取消行程或改变交通方式。
- 寻找合法、便利又安全的船，登船时要记得初步判断一下船龄和船的安全状态。
- 由于船舶在航行时受到风向、水流的影响，到港时间可能会有变动，行程安排时应该将这些因素考虑在内。
- 第一次乘船或有晕船经历的旅游者应该提前备好晕船药。

若经济条件允许，也可选择豪华游轮，其票价一般都包括了在船上的食宿费用、沿途游览的车费及门票费用，既舒适方便，又可以比较从容地游览。

四、选择旅游保险

降低危险的对策之一就是购买保险，旅游者出门旅游前最好购买几份旅游保险，以防万一。旅游险种众多，旅游者可以根据自己出游和旅行的具体情况，选择最适合自己的保险产品。目前我国各保险公司涉及旅游的保险条款多达几十种，旅游者可以根据需要自行选择产品组合。

一般旅游者出游应购买的保险主要包括以下几种类型：

（一）旅客意外伤害保险

铁路旅客意外伤害保险费已包含在票价内，为基本票价的2%，保险金额为2万元 [《铁路旅客意外伤害强制保险条例（1994）》第六条]；公路旅客身体伤害赔偿责任保障金也已包括在票价内 [《公路旅客意外伤害保险条款（1982）》第六条]，旅游者不需要另外购买意外伤害保险。但目前很多旅游者出险后往往忽视了自身利益已处于保障之中，因此，这里要提醒旅游者，一定要保留票据，以便出险后索赔。

（二）住宿旅游者人身保险

这类险种适合在酒店或旅馆投宿的旅游者，尤其是女性旅游者，虽然饭店的安全管理在逐渐加强，但由于饭店安全管理缺乏性别意识，女性旅游者在饭店受到伤害的事故并不少见。这类保险每份1元，从住宿之日零时起算，保险期限15天，期满后可以续保，每位旅游者可以购买多份。这类保险提供的保障主要有住宿旅客保险金5000元，住宿旅客见义勇为保险金1万元，为旅客随身物品遭意外损坏或被盗抢丢失的补偿金 200 元。

（三）旅游人身意外伤害险

这是目前大多数保险公司开设的旅游保险项目之一，每份保险费为 1 元，保险金额为 1 万元，一次最多投保 10 份。保险期限从旅游者购买保险进入旅游景区时起，直至旅游者离开景区，将对其在旅行游玩过程中发生的意外事故进行赔付。尤其适合进行户外运动的旅游者，旅游者参加探险游、生态游或者极限运动时，一定要购买旅游人身意外伤害保险。

（四）旅游救助保险

这类保险由保险公司与国际救援中心联合推出，旅游者无论在国内外任何地方，只要遭遇险情，都可以拨打电话获得无偿的救助。尤其适合海外出游的旅游者，一旦发生意外事故或者由于不谙当地习俗法规而引起了法律纠纷，只需拨打相应电话便可获得无偿的救助。

（五）境外旅游险

印度洋海啸事件向人们警示，出境游之前选择一份合适的旅行保险是十分必要的。目前市场上标榜全球紧急援助的境外旅行保险很多，但各保险公司在具体的援助内容以及计算费率的方法上都有所差异。目前推出含有境外紧急援助功能的境外旅行保险的保险公司有中国人寿、友邦、安联大众、平安、人保财险、中保康联等。

由于各家保险公司对于境外旅行意外伤害或医疗保险的赔付额度有所不同，消费者在投保前应详细了解和比较各保险公司的有关条款，根据自身的经济条件和实际需求，购买适合自己的境外旅行意外伤害或医疗保险。

（六）其他保险

游客还可根据自己的情况，购买旅游健康保险、旅游医疗救助保险、家庭财产保险、航班延误取消保险等，为自己的出行增加一份保障。

第二节 做足出游前的安全准备

一、信息准备

（一）个人信息

出游之前，旅游者需对自己的状况有个大致了解，包括旅行习惯与偏好、身体状况以及出游经验等。对于中老年人、孕妇或者即将进行长途旅行的旅游者来说，对自己身体状况的了解尤为重要。主要包括以下几个方面：

- 明确自己不愿或体力不能参加的旅游活动或项目，不盲目前往。若是身体状态欠佳，应备好相应的药物等。
- 吸取以往旅游中的经验教训，如出游经常拉肚子的旅游者应备一些常用的止泻药品；由于枕头关系而失眠的旅游者可携带适合自己的枕头；容易产生高原反应的旅游者则可以避免到海拔较高地区旅游或提前服用抑制高原反应的药物如红景天等。
- 孕妇、老年人或残障人士出游，最好提前到医院做身体检查，并向医生说明旅游的行程，征求医生的建议，此外，出游须至少有一人陪同。
- 有慢性病的旅游者要准备好自己常用的药品，并在出游前将身体调理到最佳状态。

（二）目的地信息

出游前除了对自身有大致了解之外，旅游者还应该对目的地相关信息有一定的了解。所需搜集的信息至少应该包括以下几个方面：

- 旅行期间目的地气象状况，如温度、湿度等。
- 目的地的地理状况，如海拔、地形、交通状况等，做好准备，以免出现高原反应、沙漠脱水等。
- 目的地的治安状况以及目的地较为常见的犯罪类型、作案手法及其预防方法等，尤其是专门针对旅游者的一些犯罪形式，如飞车抢夺、诈骗、欺诈购物等。
- 目的地民俗文化，了解在旅行期间是否正值目的地的节庆期间，当地居民有哪些禁忌或特殊习俗，以免因不了解当地文化而发生文化冲突。
- 目的地的饮食、医疗、住宿等大致状况。

搜集上述信息的主要渠道：

目的地旅游指南　目前已有专门针对世界各国（或地区）以及国内各省份（或城市）的旅游指南，国外的如《英国旅游指南》、《德国旅游指南》、《法国旅游指南》等，国内的如《贵州旅游指南》、《北京旅游指南》等。甚至还出现了专门针对某一类旅游资源的旅游指南，如《中国名乡名镇游》等。您总能在一本书中找到与您的目的地相关的旅游资讯，这些书对目的地各方面的情况都有大致的介绍。

互联网　网站提供了世界上几乎所有地区的详细旅游信息，您甚至还可以通过阅读旅游者的游记和目的地的相关网页来搜集所需的信息。

旅行社　旅行社可以向您提供不同国家和地区的较为详细和准确的旅游信息。

旅游杂志、报纸　旅游杂志，尤其是目的地出版的旅游杂志对于提供即时资料非常有用。如果能够买到目的地的报纸或者在网上看到其电子版，就可以知道目的地时下的事件要闻，帮助旅游者更新对目的地的认识。此外，阅读报纸也是旅游者了解目的地最新治

安状况的一个有效渠道。

亲朋好友　向去过该目的地的朋友、同事、亲戚询问其旅游感受及其他情况。

（三）住宿信息

尽早订客房和往返交通票（团队旅游者除外）可使您放心旅游。出游前，旅游者至少应该知晓以下有关的住宿设施信息：

- 选择酒店前，旅游者应了解目的地的住宿设施的概况，优先选择口碑较好的饭店，尽量避免选择没有正式经营执照的社会旅馆。
- 尽量选择交通方便的饭店，如离机场、车站较近，同时又有便利的交通设施通往市区。
- 在经济条件允许的情况下，尽量选择有良好信誉的品牌饭店或星级饭店，尤其是到国外旅行的旅游者，国际品牌饭店不仅可以解决语言上的障碍，其服务也相对较完善和规范。
- 预订饭店时，应该询问清楚价格，以方便出游前预算。
- 若目的地处于旅游旺季，最好在两家以上的饭店预订客房。这样因特殊原因一家不能提供住宿时，可选择另外一家。但入住客房后，要记得尽快打电话取消其他预订。

（四）往返交通

如果决定选择飞机作为出游的主要交通工具，旅游者出游应该掌握以下信息：出发前，牢记自己的航班号、起飞和降落时间，是否有经停等。若返程时间可以确定，最好购买往返票，这样可以得到较大折扣。尽量选择较早的航班，越早的航班被延误的可能性就越小，因为前面航班延误会给后面的航班造成连锁反应。

若选择火车为到达目的地的主要交通工具，最好尽早请目的地的朋友帮助提前买回程票，或者到达目的地后马上购买返程票，以免因无法买到合适的车票而影响行程安排。这对于长途旅行的旅游者来说尤其重要。

若要了解目的地的交通信息，饭店内一般会有当地的交通黄页，也可以在目的地旅行社购买该地区的交通图。

二、物品准备

（一）衣物准备

1. 内衣裤

由于出游期间不方便洗涤衣物，旅途中又易出汗，因此旅游者最好携带多件内衣裤，以便每天更换。此外，旅游中携带的内衣裤应该尽量满足以下标准：

- 内衣裤最好选择吸汗性能好、透气性强、无刺激的纯棉织品。
- 为便于行动，内衣裤不能紧绷，尽量不穿塑身内衣裤，以免因运动量大而引起身体不适。
- 若出行时间在 7 天以内，可选择一次性纸内裤，但购买时要看清生产时间、保质期限等信息，尽量做到即买即用。皮肤易过敏者应慎用。

2. 外衣裤

外衣裤的选择对旅游很重要，因为外衣裤不仅代表着个人形象，还关系着旅游者在旅途中的行动是否方便，甚至还与其安全紧密相关。

- 外衣裤要选择休闲或运动风格的，质量要轻，款式尽量简单。衣服在一定程度上可以反映一个人的经济状况，因此，身着名牌的旅游者往往容易引起一些不法分子的注意。
- 若是选择到多雨地区或雪地旅游，要选择具备防水功能、多口袋设计或多功能暗袋的外衣裤。因为多口袋设计方便存放随身携带的相机、手机、纸巾等，而且分类清楚，找起来也方便。内层的暗袋设计则可贴身收藏现钞、证件等重要物品，避免被窃。

- 旅游者还应准备一套正装，因为外出旅游期间，可能会被目的地朋友或他人邀请参加一些正式的派对或者会展、会议之类的活动。

3. 鞋子

旅游者在出游前应根据旅游目的地来选择合适的鞋子。选择鞋子时，舒适是第一要素，其次是抗震、抓地力、防滑、透气、保暖等。

- 若前往热带或海岛旅游，活动项目以水上活动与陆上参观为主，可选穿运动凉鞋或休闲鞋；若前往市区，以参观或逛街购物为主时，选穿一般的平底休闲鞋即可；若前往山区，以爬山、奔走或丛林探险等户外活动为主时，最好选择鞋底颗粒大、抓地力强，防滑、耐磨的运动休闲鞋。
- 尽量不穿新鞋出游，穿新鞋容易使脚疲劳、受伤。
- 若是商务旅游，除了携带休闲鞋或运动鞋之外，还至少要带一双可以搭配不同颜色着装的皮鞋。
- 除配皮鞋的丝袜之外，袜子以透气性好、吸汗性强的棉袜为主。

4. 其他配饰

旅游者外出旅游时尽量不带昂贵的首饰、手表、手提包等。一方面，旅游中由于出汗或其他原因，珍珠、白金、黄金等首饰都会受到不同程度的腐蚀和磨损；另一方面，若出游时打扮过于珠光宝气，容易引起一些不法分子的注意，甚至会给自己带来不必要的麻烦。不希望旅途中有"艳遇"的女性旅游者可以在左手无名指上佩戴一枚戒指，表明自己已婚。其他的配饰可尽量少带。

若春夏季出游，为避免眼睛被紫外线损伤，室外活动期间要尽量戴太阳镜、戴有檐帽子或使用遮阳伞等防晒物品。

（二）日用品准备

旅游者要注意旅途中对头发和肌肤的护理，因为旅途中干燥的空气对头发和嘴唇的伤害非常明显，如飞机或火车中的空气水分比正常环境要少20%左右。

润唇膏 旅游途中要使用润唇膏，并经常喝水滋润嘴唇。

护发用品 由于旅途空气干燥，头发容易干燥或起静电，所以旅游者出发前最好对头发进行一次全面养护，并携带一把防静电的梳子。旅游者还可以携带迷你装的洗发液、护发液等，也可以在当地购买。

护理液 由于饭店、车站等公共场所是旅游者感染各种生殖疾病的高危场所，舒适的浴缸、光洁的马桶等都可能是各种细菌的温床，旅游者最好携带自己平常使用的护理液或洗液，有效预防各种生殖炎症的发生。

护肤品、化妆品 出游前，旅游者要把平日惯常用的洗面奶、化妆水、乳液、乳霜、精华液、防晒霜等基本护肤用品，按旅程长短准备适量。

（三）其他日常用品

若是夏季出游，旅游者还须携带长舌或是宽檐可折叠的帽子、遮阳伞、太阳镜等防晒用具，既可遮挡紫外线，也可做留影时的点缀；若行李不多，还可以携带保温水杯等。其他日用品，旅游者可以根据自己的习惯和经验来选择，以免行李太多给自己带来麻烦。

（四）药品准备

旅游者在出发前除要携带自己定期吃的药品之外，还应该携带一些常用的药品。如抗病毒药、解热镇痛类药、消化药、防暑药、

抗过敏药、外伤用药等。旅游者还要根据自己的体质状况和目的地状况来决定携带哪些药品。如高血压、心脏病患者需带上降压药、速效救心丸等。携带的药品尽量做到少而精，不要携带液体的、玻璃瓶装的药品，各种药品要用小瓶分开装，并尽量选用自己较熟悉的品牌和产品，且附带服用说明。

（五）其他物品准备

手电筒　出游前可准备一个便携式手电筒和备用电池，当夜里突然停电或者去参观某景点时可以派上用场。

胶带　透明胶带在旅游中有着多种用途。如当裙子、裤子下摆脱线了，可以暂时用透明胶带粘起来；若脚底起泡，也可以在鞋里贴上胶带，使鞋子较为平滑就不会感到疼痛了；穿深色的衣服沾上许多灰尘，也可以用胶带粘起等。

针线、备用纽扣　由于旅途中运动量比较大，衣服、裤子、背包等很可能会由于拉力过大而开线，因此针线和备用纽扣在旅途中也可以起到应急的作用。

消遣书　如果旅途较漫长，还可以带本书在路上阅读，最好选择一本有关目的地介绍的书籍，可以提前对目的地有个大致的了解。

钱和钱包　准备两个钱包，一个用来存放信用卡、护照、现金等重要物品，要贴身保存；另一个用来装零用钱，每天出发前要把当天可能的花销做个预算，若金额不大，可把这些钱放在这个钱包中。一般来说，要带上比预算多 20% 的钱，再带一些小额的钞票等；此外，旅游者切记要将备用的信用卡和身份证分开存放。

防身用品　出游女性最好随身携带一件防身用品。防身用品应该符合以下三个条件：其一，安全，不能因操作失误而伤害到自己；其二，快捷，遇上坏人必须可以瞬间工作；其三，杀伤力适当，不能致命、致残，只要昏迷就好，最好能够昏迷 3 个小时以上。"防狼"喷雾、防身电击器、护身镇压棒、侵犯探测警报器等都是不错的选择，也可以携带老鼠报警器、电子笛等有自动报警功能的工具，不仅可以在被罪犯侵犯时发出警报，也可以用于迷路、遇险时求救。

三、生理准备

为确保自己做一次完美的旅游，旅游者出游前应该将自己的身体状况调节好，以免给旅途带来不便。

（一）调整生物钟

对于远程游的旅游者来说，时差是一个常见的恼人问题，它往往使人到达目的地后头痛、昏昏欲睡、注意力无法集中，甚至会导致免疫力降低，引发病毒或细菌感染。

因此，远程游的旅游者应在出发前三天开始调节自己的生理时钟，往东飞就每晚早睡一小时，往西飞则相反。出发前几天还应保持适度的运动量，避免因旅途运动量过度带来身体不适。饮食应以淀粉类、碳水化合物及蔬菜为主，以增强自己的免疫力。

（二）做好"脚"文章

旅游免不了跋山涉水、舟车劳顿，脚上难免会磨出水疱，但如出游前能对脚做点"文章"，就会减少痛苦。

红茶泡脚 对于足底皮肤较薄的旅游者，特别是女性，可以在出行前三周每天晚上睡觉前用较浓的红茶水泡脚，红茶中的成分可以增加脚皮肤厚度，减少起水疱。具体方法：在200毫升热水中泡3~4个红茶包，放凉后加水泡脚，每星期两次即可。

止汗喷雾 汗脚的旅游者可在出行前使用不含酒精的止汗喷雾，这样可使脚汗分泌减少，脚部皮肤受的摩擦也会减小。

擦润肤霜 如果脚上磨出了水疱，可在水疱上涂少许油性的润

肤霜或爽身粉，从而减小摩擦，加速水疱自然痊愈。最好用磨足石磨去脚部的厚趼或死皮。

保持袜子干爽 对于汗脚比较严重的人，应准备好一双干爽的袜子以便随时更换。

（三）进藏前不刻意锻炼

前往西藏的"天路之旅"是很多人的梦想，一些旅游者感觉自己体质较差，于是就在出游前几天开始锻炼身体，希望能对进藏有所帮助，其实这样做是错误的。进藏前不要刻意锻炼身体，如果您平时就一直坚持锻炼，那么在赴藏前半个月应停下来，因为锻炼后的身体耗氧量增大，会增加在西藏时心脏的负担，容易引起高原反应。这也是运动员比普通人更容易产生高原反应的原因所在。

四、心理准备

（一）放下心理障碍

浪费金钱 一些人认为旅游浪费金钱。因此，他们甚至连节假日也甘愿窝在斗室内。在他们看来，出门就得大量花钱，还不如坐在家里看电视来得实惠、惬意。

浪费时间 还有人认为旅游是"花钱买罪受"，旅途奔波、鞍马劳顿，除了花钱之外，还得用去许多宝贵的时间，还不如趁空闲打打牌、逛逛街、看看电视。但科学研究表明，动态的休闲更能促进人体的健康，激发人的积极性和创新力。

安全担忧 一些人惧怕到外地，认为自己不懂目的地方言、人生地不熟，又要受颠簸之苦。其实这是一种不必要的担忧，旅途中所能得到的知识、享受与感悟远远大于旅途中的风险。

（二）放下工作

旅游者应尽量在出游之前完成自己的工作任务，如果没办法完成，那么就要在出游前将工作交代好，要么将工作转交给自己信得过的同事或朋友，要么就先放放，等回来后再处理。总的原则是不要因为自己的出游而带来工作上的损失和麻烦，也不要在旅游中时时因为工作的事情而分心，不能尽兴。

（三）放松心情

旅游不仅是与大自然对话、感觉生命的过程，也是与他人、社会、自然以及历史对话的过程。在不同的地域、国家、民俗、古迹中漫游，将会使旅游者融入人类悠久而丰富的文化与历史之中，体会到人类精神的辉煌。

因此，旅游者在出游前要有放松的心情和追求美的心理渴望，这样才能在旅游中游得尽兴、游得开心；也只有拥有追求美的享受这种心理渴望，旅游者才能乐观地预测旅途中将会出现的惊喜，并能正确看待和处理旅途中所遇到的问题和麻烦。此外，放松的心情和追求享受的心理还可以提高旅游的质量和自己对旅游的满意度，最终真正达到通过旅游来放松身心的目的。

五、解决"庭院之忧"

对于长途旅行，尤其是出国旅行的单身人士或者是举家出游的家庭，出游前还要消除自己的"庭院"之忧。

（一）处理好家庭财物

- 出游前，将存折、债券、电脑、古董等贵重物品收藏在安全可靠的地方，尽量不在家中存放大量现金。机动车一定要停放在有人看护的地方或车库，并注意加固防盗设施。

- 可以考虑购买家庭财产保险。家庭受到损失的常见情形有被盗、失火，遭遇台风、暴雨、水管爆裂等，有些情形虽

然出现概率相对较低，但入户盗窃、家电器件引起的火灾等却时有发生。因此，建议有举家长期度假计划的家庭或经常出游、出差的家庭，以及独居的人们应注意投保家庭财产险。投保前应特别注意保险条款中列明的可保范围和特约财产保险范围以及免赔条款。一般来讲，家具、装潢装修、家电、床上用品等相对固定的财产属可保范围。黄金珠宝、首饰、现金、手提电脑、照相机等可移动物品属于特约保障范围。

（二）告知物业出游事宜

对于独居或者举家出游的旅游者，出游前最好和楼组长、小区或大楼物业保安、居委会干部或社区民警打个招呼，留下自己的联系方式，请他们对您的住宅多些关照，并请他们及时清理您信箱中的邮件、报纸、广告资料和奶箱中的牛奶等，防止歹徒从中探知您家中无人的信息后乘虚而入。

（三）小计策以防窃贼

出行前不仅要关闭家中的水、气、电等总开关，并检查门窗是否关好、锁好，同时还应该将可能引燃物清扫干净。据统计，70%以上的入室盗窃案件是发生在家中无人看护的状态下。因此，在出游前采取一些防盗小招术是很有必要的。如开启一盏节能灯或把收音机等设置在定时开关档等，造成一种家里有人的假象，使窃贼不明虚实，不敢轻举妄动。目前市场上新推出的一些家庭智能安全系统产品也是不错的选择。

（四）留把钥匙给信任的人

出游前最好留一把房门钥匙给自己的亲人、信任的朋友或邻居，一方面，方便帮您照料家里；另一方面，避免因旅途中钥匙丢失而被锁门外。

第三节　防范旅行过程中的安全问题

一、住宿安全

（一）登记入住注意事项

旅游者在入住登记时，要做到以下几点以减少安全隐患：其一，要尽量使用自己的全名登记，而不用"李小姐"、"李先生"等透露性别的字眼。其二，若前台服务生不小心当着闲杂人的面念出了您的房间号，最好巧妙地要求其更换一个房间。其三，尽量不选择位于偏僻的拐角或角落处的客房，应尽量选择靠近电梯的房间。

（二）住宿信息要保密

客房钥匙要放入随身带的包内，不可随意乱放，因为钥匙可以透露您的住宿信息以及姓名等资料；对于旅途中结交的新朋友，应尽量保密自己的住宿情况；不要让陌生人或者自称是维修人员的人随便进入房间，而应该先打电话询问房务中心，确认陌生人身份后方可开门；出入房间要锁好房门，睡前要关好门窗，锁上保险锁；物品尽量放在行李架或者离自己较近的地方，不要放在靠近窗户的地方。

（三）东西摆放要整齐

保证自己的衣服、书籍等物品摆放有序，并尽量在每天入睡前将自己的行李重新整理、打包，以便万一发生紧急状况时，可以迅速离开。

（四）进房间后要拉上窗帘

旅游者进入客房后要尽快拉上窗帘，以免不法分子偷窥，保护自己的隐私。

（五）客房内消费忠告

在饭店客房浴室内放置的毛巾等仅供客人使用，不得带走。冰箱内的饮品是有偿消费的。有些饭店除征收服务费外，通信费用亦较高，有需要者不妨去饭店外的电话亭或邮局，费用较低廉。此外，绝大部分饭店房间内不可煮食，煮食会导致火警钟鸣响，因此，切记不得在房间自行煮食。总之，旅游者在客房内使用饭店提供的物品时，一定要弄清楚哪些是免费的，哪些是不能带走的。

二、饮食安全

（一）合理饮水

适量的淡盐水　旅游者在旅途中喝一些淡盐水（尤其是在夏季）可补充因人体大量排汗而带走的无机盐，同时也可防止电解质紊乱。

饮水次多量少　旅途中饮水应遵循次多量少的原则。不以是否口渴来决定是否饮水，而要每间隔一段时间就喝一定量水；另外，即使口渴时也不能一次猛喝，应分多次喝，以利于人体吸收。合理的饮水方式为：每次饮水量 100～150 毫升为宜，间隔时间为半个小时。

避免喝温度过低的水　在出行过程中，人体体温通常较高，冷饮容易引起消化系统疾病。因此，旅游者最好不要喝 5℃ 以下的饮料，而要喝 10℃ 左右的淡盐水比较科学。

找机会排尿　旅游者在旅游途中要找机会排尿。旅途中只要碰到厕所或者停站，不论是否内急都尽可能去排解一次，以防长时间找不到厕所或者长途驾车不方便而导致的憋尿。此外，勤排尿还有利于冲洗泌尿道，起到洁净尿道的作用。

（二）规律进食

进食有规律 每次进食的数量、时间等要尽量保持个人平时的规律性，不暴饮暴食，也不可不食；在车船和飞机上要节制饮食，因为在乘行过程中人体运动量小、食物消化速度慢，饮食过量会增加肠胃负担，引起肠胃不适；不乱吃东西，采摘野果等；另外，要避免饱餐后立即进行登山、游泳等剧烈活动。

尽快适应当地饭菜 对旅游者来说，要"游山玩水"首先要适应各地的饭菜。到湖南、四川要不怕辣；入新疆要能吃羊肉；去部分少数民族聚居地区或山东旅游，要能吃"虫菜"。

有选择饮食 外出旅游常使人感到疲劳，甚至体力不支。旅游者在疲劳时应该适当多吃一些碱性的食物，如海带、紫菜、各种新鲜蔬菜、各种水果、豆制品、乳类和含有丰富蛋白质与维生素的动物肝脏等，这些食物经过人体消化吸收后，可以迅速地使血液的酸度降低，中和平衡达到弱碱性，使疲劳消除；另外，也可以喝热茶消除疲劳，茶中的咖啡因能增强呼吸的频率和深度，促进肾上腺的分泌而达到抗疲劳的目的，咖啡、巧克力也有类似作用；食用富含维生素 B 和维生素 C 的食物、喝活性水等都能起到消除疲劳的效果。

及时补充营养 补充水分，不要只饮矿泉水，应适当饮用富含营养的杏仁露、椰子汁、浓缩橙汁等饮料，此外，每天加喝一杯牛奶或咖啡则更为理想；补充维生素，团队餐有时不能满足人体维生素的摄入，因此旅游者可食用富含维生素的葡萄、苹果、柑橘等弥补；补充蛋白质，旅游者有必要在睡眠之前吃一顿点心，如炒鸡蛋、红烧鱼、牛奶配面包等，所吸收的蛋白质可以补充劳累的身体消耗；补充"精神营养"，每天游程结束返回住地后，在体力允许

的情况下，可到当地的歌舞厅放声歌唱、翩然起舞，或拍手助兴、或静坐观赏、劳逸结合、怡然自得，使旅途生活变得更轻松活泼、丰富多彩。

（三）注意饮食卫生

旅行中的饮食卫生主要要注意以下几方面：

- 饮水卫生。不饮用江、河、塘、湖的水，以开水和消毒净化过的纯净水为主；若无合格水可饮，可食用瓜果代替水；准妈妈不能饮用标明"用碘帮助纯化"的水。

- 瓜果要洗净或去皮。旅游者食用瓜果时，一定要清洗干净或削皮后再食用。

- 慎重选择就餐地点。高、中档餐饮店可放心去吃，大排档饮食要有选择地吃，摊位或沿街摆卖（推车卖）的食品尽量不吃；在一些卫生较差的饭店，最好使用一次性餐具，饭前饭后洗手。

- 多吃蒜、醋。海鲜中毒是旅游中较常发生的饮食卫生安全事故。因此，旅游者吃海鲜要适量，并多吃点蒜、醋，以防腹泻。

（四）其他注意事项

旅游者在饮食方面还要注意不过度进食油腻的食品（如肥肉等）、动物内脏（如腰子、肥肠等）等影响胃排空的食品；进餐速度也要尽量减慢；不过度饮酒。

三、购物安全

（一）谨防盗窃

旅游者在挑选和观看商品时，要注意保管好自己的贵重物品，不要外露，在人群拥挤的公共购物场所、步行街等地方要提高警惕。

（二）不盲目购物

旅游者应尽量保持冷静的消费心理，根据自己的实际需要购物，不轻信诱导和盲目从流；并尽量选购体积较小、重量较轻、价值较小的物品，以便携带，还要注意选择正规的购物场所，并索取票据。

（三）切忌掉入"购物陷阱"

导游诱购已成为旅游中的普遍现象，一些低价团也往往以旅游购物来弥补其收益。为防止掉入"购物陷阱"，旅游者应尽量到当地正规商场购买地方特色商品，这样既节约旅游时间，又节约开销。

（四）慎重购买贵重物品

异地消费具有较大风险，而且一旦发生消费纠纷，处理起来会比较麻烦，所以旅游者最好不在旅游目的地购买贵重的商品。珠宝首饰、名牌服装、名贵药材等旅游者较钟爱的贵重商品市场日臻完善，不必要在异地购买。但对于一些地域民族特色较强、具有较高艺术价值和收藏价值的贵重旅游纪念品，购买前可多方搜集鉴赏信息，向专家请教后再作购买的决定。

（五）获取购物凭证

获取购物凭证是保障自己合法权利的唯一途径。购物时一定要做到：想好、问清、看懂、选好所购商品；交易完成后，要求卖家开具正式发票；妥善保管发票等正式票据。

四、交通安全

（一）预防晕车晕船

晕车晕船不算大病，但也会严重影响旅游活动。旅游者除在出发前服用相关有效药物、在旅途中若有不舒服症状及时告诉导游或司机外，还有以下几种预防方法可据情选用。

- 饮醋。乘车船前喝一杯加醋的温开水。
- 搽风油精。途中将风油精搽于太阳穴或风池穴，亦可滴两滴风油精于肚脐眼处。
- 伤湿止痛膏贴脐。乘车船前取伤湿止痛膏贴于肚脐眼处，疗效显著。
- 服胃复安。乘车船前 15 分钟服胃复安 1 片，2 小时以后又出现头晕症状者，可再服 1 片，此法有效率达 97%。
- 闻鲜姜片。途中将姜片放在鼻孔下面，使其辛辣味散入鼻中，也可将姜片贴在肚脐上，用伤湿止痛膏固定好。
- 指掐内关穴。乘行中发生眩晕症状时，用大拇指掐内关穴（在腕关节掌侧，腕横纹上约二横指，两筋之间）。

（二）预防晕机

晕机和晕车、晕船一样，医学上统称为运动病。飞机的颠簸、起飞、爬高、下降、着陆、转弯，还有心情紧张、身体不适、过度疲劳等是造成晕机的原因。严重晕机的人若能采取以下预防措施，可以避免和减轻晕机症状。

- 充足睡眠。乘机前一天晚上应保证充足的睡眠休息。
- 服晕机宁。在飞机起飞前 1 小时或至少半小时前口服晕机宁。
- 靠窗座位。尽量挑选距发动机较远又近窗的座位，以减少噪声和扩大视野。
- 集中注意力。应尽量做可以使精力集中的事情，如看书、聊天、听音乐等。
- 保持空间定向。视线尽量放远，看远处的云和山脉、河流。
- 防止条件反射。发现左邻右舍的旅客有要呕吐迹象应立即离开现场，避开视线。

一旦发生晕机，在较轻的情况下，仍然不要中断集中精力的事和定向远眺。如果症状较重，应该安静、坐稳，最好是仰卧、固定头部。

（三）不宜乘飞机者

传染性疾病患者（如传染性肝炎、活动期肺结核、伤寒等传染病患者在国家规定的隔离期内不能乘坐飞机）、精神病患者、妊娠35周以上的孕妇、心血管病患者（尤其是心功能不全、心肌缺氧，患有严重高血压的病人）、脑血管病患者（脑栓塞、脑出血、脑肿瘤等）、呼吸系统疾病患者（如肺气肿、肺心病等患者）、刚做过胃肠手术的老人（在手术后10天内不能乘坐飞机）、消化道出血患者（在出血停止3周内不得乘机）、严重贫血者（血红蛋白量水平在60克/升以下者）、耳鼻疾病患者（耳鼻有急性渗出性炎症及近期做过中耳手术的病人）等不宜乘坐飞机。

（四）徒步旅行

走路的时间长短和速度快慢都要依个人自身体能而定。

- 步行路途遥远时，须匀速行走。上坡时步子放小，但每一步都要稳；若坡较陡，可走"之"字形；下坡时，也应按照原来行走的节奏，扎扎实实地走。
- 鞋带要系紧，以免因鞋过松而磨伤脚尖。
- 通过吊桥时，要一个一个过，不得拥挤。恐高者眼睛向前方看，注意保持节奏；过独木桥时，将脚步变为外"八"字，眼睛看前方一两米处。通过速度根据独木桥的长短、宽窄而定，如独木桥又窄又长，要小心慢行，注意保持平衡。
- 渡河时，要结伴而行。先了解河水的深浅，若河水较深，应尽量选择其他线路。河水在胯部以下，可以涉水过河，但最好不要赤脚通过。

- 长途徒步行走需要适当的休息，一般每行走 1 小时左右可休息 15 分钟。由于每个人的体能不同，还要考虑每个队员的身体情况而定。休息时应做些放松运动，喝点水，吃块巧克力等。

- 在道路行走时应遵守交通守则，不强行抢道，不随意横穿马路，防止发生意外。

（五）骑自行车旅行

骑自行车旅行属于一种体育运动项目，分为普通自行车旅游和特殊自行车旅游。

1. 车辆的选择与检查

自行车旅游选用一般的加重车或特制的赛车、山地车即可；应对自行车各部件做全面彻底的检查，确认其灵敏可靠、性能良好、反应灵活；在前后带内胎里放一些补漏液，如有漏气，将破孔朝地，充足气就可以自动补胎。

2. 相关物品携带

应带上扳手、钳子、气筒等常用修理工具和滚珠、车条、内胎、气门芯、闸皮等易损坏备用零件。还需备骑行衣帽和骑行眼镜等必需品。

3. 调低车座

将车座调节到后倾 5°～10°，这样可以减少空气阻力，节省力气，还可以马上停车，有利于安全。

4. 匀速行驶

骑自行车旅游切忌忽快忽慢，掌握适当的速度非常重要。一般来讲，在体力正常、道路平坦等条件下的长途旅游，普通自行车的速度应保持在每小时 15 公里左右，体力好的人可维持在每小时 20 公里。无论是山间小路，还是又长又陡的下坡道，车速既不可太快也不可太慢，应因地制宜地适当选择。途中休息频率也可保持在每

2~3小时一次。

（六）自驾车旅行

1. 车辆的检查和维护

出游前要对车辆进行一次全面、彻底的检查和维护，包括齿轮箱和变速箱的润滑油以及底盘、刹车、方向盘、灯光、轮胎、悬挂装置、油、水、电等，总之，车的性能必须达到良好状态，方可驾驶出游。

2. 带齐随车工具

主要包括备胎、机油、冷却液以及千斤顶、拖车绳、钳子、扳手等修车工具以及急救药箱、照明用具、指南针、警示牌等应急装置。

3. 携带证件

身份证（或护照）、驾驶证、行驶证、养路费、车船税讫证、购置附加费和保险单据等个人及与车辆相关的证件也需携带齐全。

4. 多辆车出游

①带队车和尾车最好是驾驶经验丰富且熟悉路况的老司机，带队车可对后车起到引导作用，尾车能进一步保证整个车队的安全；②队伍车辆较多时，可分组行驶，维修车排在后面，当有车出问题时，由维修车来处理，其他车应继续行进；③在远行或车队车多或车况不好时，要把应急配件带上；④行车过程中应保持队形，停车休息或吃饭时带队车应先行停靠并招呼后车停；⑤每天住宿时应检查自己所驾车的车况；⑥自驾游归来后要及时洗车，并再次对车的底盘、轮胎、刹车系统等部件进行检查。

（七）乘出租车注意事项

鉴于一些安全事故时常发生在出租车上，特提出以下几个小策略供旅游者参考。上车后打开部分车窗，留出空隙以备应急呼救之用；遇有酒后驾车、衣着不整、言语轻佻的司机，应立刻要求下车；言谈间少谈及个人经济状况；默记车号及司机的姓名；指定行车

线路，并留心沿途的景物，发现有异常随时做好反应准备；不搭乘车窗上有物品遮挡或车牌号模糊不清的车辆；若遇司机非礼，要用语言缓解紧张气氛以拖延时间，遇有交警、巡警立刻大声呼救。

（八）谨防被偷盗

一般来讲，飞机上发生偷盗事件的概率较小，而公交车、火车上发生偷盗的可能性相对较大。因此，旅游者在乘坐公交车时应尽量少带现金，把背包放在自己的视线范围内，外套应拉上拉锁或扣上扣子，做到钱财不外露。

（九）谨防迷路掉队

外出旅游容易迷路。防止迷路掉队应注意以下几点：牢记领队或导游的电话号码；熟记住宿饭店的名称和地址；团体旅行时不可擅自脱队；若要单独离队，需征得全陪导游的同意，并随身携带所住饭店的地址、电话，以免迷路；游览景区前谨记导游交代的集合地点、时间、所乘游览巴士的车号；一旦迷路可向警察、行人或附近商店的员工问询。

（十）孕妇出游注意事项

1. 多饮水

在旅游过程中，怀孕女性要注意多饮水。汽车、飞机等交通工具通风较差，内部空气干燥，要多喝水来补充水分，避免因缺水而引起身体不适。

2. 多走动

乘飞机、汽车、火车、轮船出游时，怀孕女性务必要每隔一小段时间就站起来舒活一下筋骨，以促进血液循环，减少血栓形成的危险性。

3. 系好安全带

对怀孕的旅游者来说，安全带的系法很重要，正确的系法是：安全带对角部分须挎在胸下，并且从胸下沿腹部边缘往下。腿部安全带须在隆起的腹部下面挎过大腿，以避免发生碰撞时安全带在腹部前发生滑动，对母亲与胎儿造成伤害；若不能用安全带围住孕妇身体，就应该避免乘车旅行；此外，还要避免在怀孕后期乘车旅行，因为方向盘和安全气囊都有可能在交通事故中伤害到胎儿。

4. 慎重选择交通工具

如果是长距离旅行，孕妇应选择飞机、火车、轮船这些既平稳舒适又安全的交通工具。乘飞机和火车最好选择紧靠通道的座位，这样便于孕妇经常起立活动下肢以免浮肿，也便于去洗手间及上下车。

五、游览安全

（一）保持自信

旅游者要随时保持自信、清醒的状态出游，犯罪分子往往会向外地人下手，如果旅游者在目的地表现出迟疑、害怕的表情时，很可能成为不法分子的作案对象。

（二）尽量入乡随俗

首先，旅游者要对当地文化有所了解，要用心体会客源地文化与目的地文化的不同，并时刻纠正自己的行为，避免因文化差异而导致冲突或其他安全问题，如在穆斯林国家，女性是不允许独自在酒吧喝酒的，否则会被人看做不正经的女人，并可能因此遭到强暴或者袭击等。

（三）学会与陌生人相处

旅途中若交友得当，不仅可以消除无聊、孤独，还可以带来很多方便，但是与陌生人交往具有较大风险。与陌生人交往时应注意以下几点：尽量结交同性旅伴；不要在酒吧、迪厅等较混乱的娱乐场所结交朋友；不将自己的私人信息，如房间号、家庭电话等告知

对方；旅游途中不要轻易接受他人的馈赠，要学会巧妙回绝，不要贪图小便宜。

（四）适当保持警惕

参观游览途中，要适当保持警惕，并尽可能避开可疑人士，如紧随身后的鬼祟汉或"情侣"、无端搭话的不明人士等；尽量不与陌生人搭讪并对话；遇到人群聚集，尽量不视、避开或远观，切忌"凑热闹"；不进入危险区，不在设有危险警示标志的地方停留。

（五）配合旅行社的安全管理工作

游客在游览期间应积极配合旅行社的安全管理工作，学习相关安全知识，遵守各游览期间的相关安全规定，确保安全。

（六）充分利用相关服务设施

旅游者在游览过程中应积极利用旅游集散中心、旅游热线等服务设施来保障自己的安全。

（七）做文明游客

遵守《中国公民国内旅游文明行为公约》和《中国公民出境旅游文明行为指南》，文明出行，做文明游客。

（八）其他安全事项

团队旅游的游客在自由活动期间要听取导游有关安全的提示和忠告，不要走得太远，不要单独行动，将自己的自由活动安排告知导游，向其征求意见，并随时与其保持联系。

六、娱乐安全

（一）游乐场（园）安全

1. 选择性地参加游乐项目

旅游者要根据自己的体力和状态选择力所能及的项目，如有恐高症、高血压、心脏病的旅游者不应该参加蹦极、过山车、海盗船等刺激性的项目，以免给自己的健康带来不利的影响；此外，参与项目之前还要注意了解项目的设施设备、安全设施的状况后再作决定。

2. 行动遵守规范

参加活动项目时，要严格按照工作人员或教练的要求去操作，对自己的生命负责，摒弃侥幸心理。

（二）慎重选择游乐设施

随着科学技术的发展，各种新型娱乐设施投入运行，如单环式、双环式、螺旋式大型滑车，滑行龙、激流勇进等小型滑车，单轨、双轨架空列车，空中转椅、旋风登月火箭等旋转设施，以及水上跳跳船、快艇、架空索道等。这些设施具有惊险性、刺激性、新鲜性等特点，深得游客尤其是青少年的喜爱。但是这些设施或具有高空、高速的特点，或二者兼而有之，必然存在危险性。由于目前我国尚无统一、完善的针对娱乐设施生产的标准和安全要求，部分生产厂家为追求利润一拥而上，造成产品质量低劣，安装及施工不符合要求等安全隐患。因此，旅游者在进行游乐活动时，一定要注意谨慎选择那些高空、高速、高难度、高危险性的游乐设施。

（三）娱乐场所安全

娱乐场所是所有公共活动场所中人员最混杂、安全较难控制的地方，尤其是酒吧、歌舞厅等场所往往还是打架、斗殴、偷盗，黄、赌、毒等事件高发的场所，因此，旅游者在这些场合要注意以下事项以保证自己的安全。

- 提高警惕。酒吧、歌舞厅等娱乐场所人员混杂，旅游者要提高警惕，尽量少带现金和名贵首饰等，避免被人盯梢。
- 注意言行。旅游者还要注意自己的言谈举止，做到不轻浮、不暧昧。因为这些场所总有一些怀着不良动机的人，若遇

到异性的故意接近或者性骚扰、性暗示等，要果断回绝，避免因暧昧而惹祸上身。

- 切忌饮酒过量。旅游者要切忌饮酒过量，以免给自己带来不必要的麻烦。
- 其他安全事项。旅游者前往娱乐场所时尽量与朋友或旅伴结伴而行，避免单独行动；不过度沉迷于夜生活，尽早回酒店；不随意向别人透露自己的住宿地址、姓名等个人信息。

（四）掌握火灾逃生知识

影剧院、歌舞厅、俱乐部等娱乐场所均处于闹市区，周围建筑稠密，多为木质结构，周围道路狭窄、水源不足、人员密度大，使用频率高；这些建筑单层建筑高、跨度大，且大面积吊顶，使用可燃材料多，因此，火灾是娱乐场所最为严重、且发生频率较高的事故类型之一。常去娱乐场所的人应该掌握火灾逃生知识（详见第六章）。

第四节 事故发生时的处理办法

一、旅途常见病

（一）失眠

环境的改变会打乱神经系统的活动规律，因此旅游者在旅途中常常出现失眠的现象，做到以下几点就可以有效防治失眠。

- 尽量保持原来生活习惯。
- 睡前不喝茶、抽烟，尽量在睡前洗温水澡。

- 晚餐时少量饮酒，因为少量的酒可促使大脑皮层的抑制活动加强而促进睡眠。但不宜多饮，多饮会引起大脑皮层兴奋活动加强，反而不易入睡。
- 尽量保持情绪安定。一旦失眠，千万不要着急，否则会越着急越无法入睡。
- 若上述办法完全无效，可以适当服用安眠药物，但必须在医生的指导下服用，切忌过量。

（二）感冒

旅游目的地的气候与旅游者出发地可能有较大差异，再加上旅途的劳累导致人体免疫力下降，很容易发生感冒。感冒后要尽早吃药，就可以很快康复。

（三）中暑

如果在旅行中不小心中暑，应立即转移到通风、凉爽的地方休息，并服用仁丹、十滴水，也可在太阳穴、人中处涂风油精，并尽量充分休息，不要勉强继续行程。

（四）肠胃病

旅游者在旅游途中需要不断地适应新环境，水土不服易引起腹胀和腹泻。若暴饮暴食，还可能患胃肠炎。在这些情况下，一定要及时治疗，服用抗菌素类药物。另外，由于旅途中食物或饮水不洁，极易引起各种急性肠道疾病，因此，如果旅游者出现呕吐、腹泻、剧烈腹痛等症状，同伴应立即将病人送到附近医院诊治，并将其吐、泻物按防疫要求进行消毒处理，以防传播扩散。

（五）低血糖症

由于旅途劳累且饮食不规律，一些旅游者会发生低血糖症。因此，旅游者要尽量每天按时吃早餐，随身携带几粒巧克力、水果糖等，若在旅途中有心慌、饥饿感，就马上吃几粒，也可冲一杯浓糖水或食用含糖的饮料、食品等，并平躺仰卧休息，松解衣服扣子和腰带，

一般症状都能很快得以缓解。假如采取上述各种措施均无法使低血糖症状消失，就要考虑是否患有其他疾病，应尽快到医院诊断治疗。

（六）关节扭伤

关节不慎扭伤后，切忌立即揉搓按摩。应立即用冷水或冰块冷敷约 15 分钟，再用手帕或绷带扎紧扭伤部位，也可用活血、散淤、消肿的中药外敷包扎，如果疼痛比较厉害，应马上送往医院。

（七）心绞痛

有心绞痛病史的患者，外出游玩时应携带急救药品。发生心绞痛后，患者应立即坐下，并迅速将硝酸甘油含于舌下，同时服用麝香保心丸或苏冰滴丸等药物缓解病情。如果含服硝酸甘油后心绞痛仍未缓解，且已达 10 分钟以上并伴随出冷汗症状，有可能是心肌梗死的前期预兆，应立即送医院救治。营救人员要小心地将病人抬上担架或车子，病人只能保持半卧位，运送途中要保持平稳，不可起落颠簸。

（八）胆绞痛

旅游途中若摄入过多的高脂肪和高蛋白质的食物容易诱发急性胆绞痛。发病时应首先让患者静卧于床，迅速用热水袋在患者的右上腹热敷，也可用拇指或食指压迫刺激足三里穴位以缓解疼痛。

（九）水土不服

旅游在外，旅游者可能对目的地的气候、水质、饮食等有些不习惯，以至出现头昏无力、胃口不好、睡眠不佳等水土不服的症状。此时，应多食水果、蔬菜，少吃油腻，还可服用一些多酶片和维生素 B_2。

（十）咬伤

旅游者若不慎被昆虫咬伤，用碱性液体冲洗伤口可消除疼痛；被蛇咬伤，首先要注意看伤口上的牙痕，若有两个大牙痕，说明是被毒蛇咬伤，要立即用带子将伤口上部扎紧，防止毒素扩散，同时把毒素吸出或挤出，用肥皂水清洗伤口，并尽快前往医院。

（十一）昏厥

当旅游者在旅行途中由于劳累或其他原因出现面色苍白、恶心呕吐、出冷汗甚至不省人事等昏厥症状时，同行的旅游者或导游应用拇指和食指捏压患者手之虎口（合谷穴），捏压十余下后，患者一般可以苏醒。

（十二）外伤出血

若有旅游者不小心因外伤而导致出血，旅途中有以下止血法可用来急救：

其一，手压止血法。用手压迫出血部位的上部，这是最简单的一种临时性的止血方法。

其二，止血带止血法。用橡皮带、布带、绳子、鞋带等将出血口近心点4~5厘米的地方扎住以阻断血液的通路，从而达到止血的目的。此方法不能随便乱用，只有在手压止血法无效时方可使用。使用止血带时应注意以下几点：一是止血带扎的部位要正确，最好是在伤口附近的肢体近端；二是止血带要垫平，绑止血带之前，先用毛巾或衣服平整地垫在皮肤上，从而有效地防止止血带勒伤皮肤；三是止血带捆扎松紧要适中，以成功止血且摸不到远端动脉跳动为合适。

其三，外用止血药。止血药有多种，可将云南白药粉均匀地撒在伤口上，再用纱布包扎起来，也可将新鲜的三七叶子涂在伤口处。不论用哪种止血药，都应先进行局部消毒。

（十三）旅游性腿脚肿

由于旅游引起而查无其他原因的腿脚肿胀称为"旅游性腿脚肿"。若旅游者发生"旅游性腿脚肿"，须立即平卧休息一两天，高抬腿脚至高于心脏的位置，一般情况下，一两天即可恢复，如果肿胀没有消减，要尽快到医院治疗。另外，有旅游性腿脚肿病史的

旅游者在旅游时须注意以下几点：

- 结合自己的身体状况，妥善安排旅游的时间和线路，注意劳逸结合。

- 途中要注意姿势的变化，站立或行走一段时间后，要静坐或平躺一会，并把两腿跷起来。长时间坐车船时，应将腿脚抬高，便于腿脚的静脉血液回流。

- 外出旅游需长时间行走或登山时，最好打上松紧适宜的绑腿或用宽布带在小腿上缠几圈，用别针固定住。

- 每天旅游行程结束以后，用热水烫脚，使脚部血管扩张，便于血液回流。

（十四）脚泡

有些平时缺乏锻炼的旅游者，常会因为脚底汗湿或其他原因形成脚泡。脚泡不仅影响旅游的顺利进行，而且若处理不当还会引起感染。

- 涂润肤露。如果要预防脚泡或是脚部已出现轻微脚泡，也可以在脚部涂上比较润滑的润肤露，以减少脚和鞋子之间的摩擦。

- 穿刺与引流。如果脚泡比较严重，应该先用热水烫脚 5 ~ 10 分钟，擦干后用碘酒或酒精进行消毒，再用消毒过的针（用沸水或酒精浸泡）刺破脚泡，使泡内液体流出。处理脚泡时，切忌剪去泡皮，以防感染。

（十五）蜇伤

在森林、草原、海滨等特殊生态环境进行旅游时，旅游者还可能会受到蝎子、蜈蚣、毒蜘蛛、黄蜂、刺毛虫、珊瑚、海蜇等有毒生物的威胁。旅游者被这些动物蜇伤后，伤口痛痒、红肿，并伴有恶心、呕吐、头晕、肌肉痉挛等症状。

如果被刺毛虫（痒辣子）所蜇，可剪一条医用橡皮膏贴在被蜇处，用手来回按压几次，用力一揭，将刺毛粘起，疼痛立即消失。

如果被其他毒虫蜇伤,应先挤出毒液,然后用肥皂水、烟袋油、醋等涂擦伤口或将马齿苋捣成汁,加水冲服。黄蜂毒要用醋等酸性药,蜜蜂蜇伤则须用苏打水等碱性药消毒,蜈蚣咬伤可用蒜泥消毒。

(十六) 日旋光性皮炎

日旋光性皮炎(俗称晒斑)是指因强烈的日光照射而引起的急性皮肤炎症,在夏季旅游时经常发生。其症状为露在衣服外面的皮肤出现红斑、水肿、局部灼热,严重时甚至生成水疱,会感觉痒或刺痛。症状轻者可以在 1~2 天渐愈;重者可伴有发热、恶心、全身不适等症状,经 1 周左右可恢复。

因此,夏季出游时,旅游者应注意避免在强光下活动时间太久,尤其是在中午前后,应加倍注意避免强烈日光照射,在户外坚持打伞、穿长袖衣裤或在面、颈、前臂、小腿等身体暴露处涂防晒油。一般轻症者不需要治疗,症状严重者可用氧化锌油或肤轻松软膏外涂。

二、旅游中的小意外

(一) 误机

误机指旅客未按规定时间办妥乘机手续或因其旅行证件不符合规定而未能乘机。旅客如发生误机,应到乘机机场或原购票地点办理改乘或退票手续。旅客误机后,如要求改乘后续航班,在后续航班有空余座位的情况下,承运人应积极予以安排,不收误机费;如要求退票,承运人可以收取适当的费用 [《中国民用航空旅客、行李国内运输规则 (1996)》第三十五条]。

(二) 机票、车票丢失

旅客遗失客票,应以书面形式向承运人或其销售代理人申请挂失。在旅客申请挂失前,客票如已被冒用或冒退,承运人不承担责任。定期客票遗失,旅客应在所乘航班规定离站时间前一小时向承

运人提供证明，承运人可以补发原定航班的新客票。补开的客票不能办理退票手续。不定期客票遗失，旅客应及时向原购票的售票点提供证明后申请挂失，该售票点应及时通告各有关承运人。经查证客票未被冒用、冒退，待客票有效期满后的 30 天内，办理退款手续［《中国民用航空旅客、行李国内运输规则（1996）》第二十五、第二十六、第二十七条］。若旅客在乘车前遗失车票，应另行买票。旅客在乘车途中遗失车票，应从发现遗失车票的站起补票。补票后又找到原票时，可在到站出站前退票，核收退票费。

（三）证件丢失

旅游者在旅游途中意外将身份证、护照、银行卡等丢失，若是跟团，应该马上向导游说明，并在导游指导下办理临时身份证、挂失银行卡等；若是自助游，则应该先咨询当地派出所或公安局如何办理挂失或补办手续，做好身份证挂失、临时身份证办理和银行卡挂失等工作。若在境外旅游过程中丢失证件，应先拨打当地的报警电话报警，并根据警方的指示去办理一切事宜，办好临时证件后最好尽快回国。回国后可以向户口所在地的入境办事处申请补领新的护照。

（四）野外迷路

如果旅游者在旅游时迷了路，有以下几个小常识可以帮助辨别方向。

- 树木。可以找到一棵树桩观察其年轮，年轮宽面即是南方；也可以观察树的枝叶，枝叶茂盛的一面应为南面。
- 蚂蚁洞。蚂蚁洞穴的洞口一般也都是朝南的。
- 岩石。岩石上布满青苔的一侧是北面，干燥光秃的一面为南面。

（五）旅途问路技巧

俗话说"路长在嘴巴上"，外出旅游尤其如此。问路看似简单，其实也包含许多学问，只有掌握了问路的技巧，才能取得较好的效果。

其一，有礼貌。旅游者问路时要面带笑容、口气谦和、称呼恰当，给对方留下较好的印象。

其二，选准对象。①选向当地人问路，要善于根据对方的穿着、相貌、语言举止来判断其是不是当地人，然后再问路；②选择向异性问路，对方大都会比较耐心、认真、负责；③向正谈恋爱的男女问路往往也会得到满意的答案；④选择向民警和学生问路；⑤对目的地情况不明时，应多问几个人，弄清楚后再作决定。

三、旅游常见事故的处理

（一）交通事故

1. 协助导游组织抢救

旅游交通事故出现伤亡时，伤情较轻旅游者应立即协助导游组织现场人员迅速抢救伤情较重的旅游者。如不能就地抢救，应立即设法通知就近的医疗卫生单位，请求派出救护车和救护人员，将伤员送往距出事地最近的医院救治，并指定专人保护现场，尽快通知交通、公安部门（交通事故报警电话是122）。

若是个人驾车出游时发生交通意外，则应该做到以下几点：

- 停车熄火，保护现场。
- 打开双闪，在车后隔一段距离放置警告牌。
- 站在人行道靠边的位置等候处理。
- 如有人员伤亡，要先行抢救，并迅速报告交通管理部门，在运送伤者去医院时勿驾乘事故车辆，应当使用其他交通工具以保留事故原始现场。
- 因为抢救受伤人员而变动现场的，应当标明初始位置。

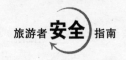

2. 抢救伤员注意事项

- 不必急于将伤员从车上（或车下）往外拖，而应该确认伤员是否失去知觉，心跳和呼吸是否正常，有无大出血，有无明显骨折。

- 如果伤员已经昏迷，可先松开他们的颈、胸、腰部的贴身衣服，将其头部转向一侧，并清除其口鼻中的呕吐物、血液、污物等，以免引起窒息；若心跳和呼吸已停止，应马上进行人工呼吸和胸外心脏按压。

- 如果有严重的外伤出血，可将头部放低，伤处抬高，并用干净的手帕、毛巾在伤口上直接压迫或把伤口边缘捏在一起止血。

- 如果病人发生昏迷、瞳孔缩小或散大，甚至对光反应消失或迟钝，则必须立即送医院抢救。

（二）饮食事故

根据我国 2009 年 6 月 1 日起施行的《中华人民共和国食品安全法》规定，食物中毒指食用了被有毒、有害物质污染的食品或者食用了含有毒、有害物质的食品后出现的急性、亚急性疾病。食物中毒一般可分为细菌性（如大肠杆菌）、化学性（如农药）、动植物性（如河豚、扁豆）和真菌性（毒蘑菇）食物中毒。食物中毒既有个人中毒，也有群体中毒。其症状以恶心、呕吐、腹痛、腹泻为主，往往伴有发烧，严重者会出现休克、昏迷等症状。

一旦发现有人出现上吐、下泻、腹痛等食物中毒症状，首先应立即停止食用可疑食物，并立即拨打急救中心 120 呼救。在急救车来到之前，可采取以下措施自救：

1. 催吐

对中毒不久且无明显呕吐者，可先用手指、筷子等刺激其舌根或大量饮用温开水进行催吐，以减少身体对毒素的吸收。当呕吐物变为较澄清液体时，可适量饮用牛奶以保护胃黏膜；若呕吐物中出现血性液体，有可能是消化道或咽部出血，应停止催吐。

2. 导泻

中毒已过 2 小时且未发生恶心、呕吐等症状的旅游者应服用泻药或煎服（或冲服）大黄、番泻叶等，以达到导泻目的。

3. 保留食物样本

发生食物中毒后，要注意保留导致中毒的食物样本或患者的呕吐物、排泄物，以供医院检测。

4. 尽快就医

以上紧急处理措施仅是为治疗急性食物中毒争取时间，患者应在紧急处理后立即到医院进行治疗。

（三）住宿事故

1. 一氧化碳中毒

一氧化碳中毒事件多数发生在酒店客房内（由于酒店使用的旧式燃气加热设备的内部排气效果差等原因所致），还有少部分发生在餐厅包厢内（由于火锅等明火类菜式的加热燃料未充分燃烧，房间排气效果差等原因所致）。由于一氧化碳中毒不易发觉，当人们意识到自己中毒时，往往为时已晚。因为支配人体运动的大脑皮质最先受到麻痹损害，使人无法实现有目的的自主运动，所以，一氧化碳中毒者往往无法进行有效的自救。

旅游者在入住有燃气式加热设备的住宿场所期间，一旦发现自己有轻度头痛眩晕、心悸、恶心、呕吐、四肢无力，甚至出现短暂的昏厥等症状时，要马上跑出房间，到附近的空地呼吸新鲜空气，并向周围人求救。此时中毒较轻，只要脱离中毒环境，症状马上就会消失，一般不会有后遗症。

一氧化碳比空气轻，故救助者进入和撤离现场时要匍匐行动。进入室内时严禁携带明火，尤其是一氧化碳浓度较高的房间，按响

门铃、打开室内电灯等产生的电火花均可能引起爆炸。

营救者进入室内后，应尽快关闭毒气源，迅速将中毒者背出房间，转移到通风保暖处平卧，解开衣领及腰带使其呼吸顺畅，并呼叫救护车，随时准备送往有高压氧仓的医院抢救。

在等待运送车辆的过程中，将昏迷不醒的患者头部偏向一侧，以防呕吐物被误吸入肺内而导致窒息，并用针刺或指甲掐其人中穴使其保持清醒。若仍无呼吸则需立即实施口对口人工呼吸。

此外，对昏迷较深的患者应尽快送往医院，并在途中对其进行人工呼吸以防止因缺氧而造成脑神经不可逆性坏死。

2. 酒店火灾

宾馆、酒店内部有较多易燃的装饰材料以及生活用品和办公用具。一旦发生火灾，这些材料不仅燃烧猛烈，而且燃烧时还会产生有毒气体，给疏散和扑救工作带来很大困难。

- 旅游者进入酒店后先要熟悉安全出口的位置。多数酒店都在客房门背后贴有一张安全疏散示意图，上面标明了房间所在位置和安全出口的位置，也会用红色箭头指明疏散方向。旅游者最好能亲自沿着所标线路走一遍以熟悉路程，万一遇到火灾，能在最短的时间内从安全出口疏散。

- 若旅游者在酒店住宿期间遭遇火灾，可利用身边的毛巾、口罩、纺织品等浸湿后捂住口、鼻，利用绳索、布匹、床单、地毯、窗帘来逃生；尽量用帽子等保护头部，以避免烧伤和被坠落物砸伤；也可利用下水管、客房内外的突出部位、各种门窗以及建筑物的避雷网（线）进行逃生。

- 在无路可逃的情况下，应积极寻找避难处，如室外阳台、楼房屋顶等处等待救援；切忌乘坐电梯逃生。

3. 入室盗窃和抢劫

近年来随着各种经济型住宿设施的出现，酒店、宾馆的入室盗窃和抢劫事件也逐渐增多，因此，旅游者在外地住宿时一定要选择正规的酒店，睡前应确保将门窗锁好，房门一定要上安全链，不随便给陌生人开门。

如果旅游者在外住宿期间遭遇盗窃或抢劫，以下几招可以帮助旅游者化险为夷，摆脱困境。

- 如果窃贼夜间潜入旅游者所住客房行窃，一旦被惊醒，旅游者应迅速打开灯，借助灯光看清对方的面孔及特征或把窃贼吓跑。
- 在不法分子入室抢劫的过程中，旅游者一定要经过冷静判断后再决定是否反击，切莫鲁莽行事，安全第一。
- 情况危急时，旅游者千万别做无谓抵抗，而应迅速捕捉作案者的身高、体型、肤色、相貌、衣着、随身携带的物品等特征。如有可能，最好留下对方的实物罪证。
- 待劫匪离开房间后，应马上打电话到酒店总台报警。

（四）游览事故

1. 动物园意外事故

近年来，动物伤人事件呈上升趋势，攻击旅游者的动物不仅包括老虎、狼、豹子、狮子、鲨鱼、狗熊等具有较强攻击性的动物，连人们一向认为憨厚的大象和国宝熊猫、可爱的猴子等也偶尔会攻击旅游者。因此，观赏动物的旅游者应注意以下几点：

- 不可冒险吓唬动物，若不小心激怒被观赏动物，应马上用其他东西转移动物的注意力，如扔一个动物比较喜欢吃的东西在其身后，趁其转身走开时，尽快离开。
- 若发现有儿童或其他旅游者进入饲养动物的笼子内，要及时禁止，若发现有人已进入笼子或其他动物活动区域，应马上通知管理员，并协助其将被困者救出。
- 被困时，尽量控制自己的情绪，不大声哭闹，积极配合管

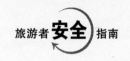

理员的营救。

- 若发生动物走散或者出笼事件，旅游者不要乱跑乱叫，而应该冷静友好地对待动物，并迅速通知动物园管理员前来处理，以免惊吓到动物而引起踩踏事故。
- 有轻度擦伤或抓伤的旅游者，应立刻接种疫苗，若皮肤被穿透性咬伤，则应马上用大量清水清洗伤口。

2. 突发性卫生事故

突发性卫生事件是如今危害旅游者的一大隐患。2003 年的"非典"疫情、2007 年的禽流感疫情、2009 年的甲型 H1N1 流感疫情等。如果您在出游期间遇到此类公共卫生事故，应该做到以下几点：

- 尽量不到有疫情的地区旅行。
- 出游期间要特别注意卫生，尽量不到人流量较大或卫生条件较差的地区凑热闹。
- 尽量缩短或者取消行程，等疫情过后再重新安排出游。
- 从疫区归来的旅游者应做好自我观察，在流行性病毒的潜伏期尽量减少外出和与他人交流，减少其他人被感染的概率。
- 不幸感染病毒的旅游者要积极配合当地卫生部门的安排和治疗，以便尽快康复。

3. 突发性自然灾害

随着生态环境的破坏，自然灾害的发生频率和不可预见性渐趋增大。以下一些小常识可以用来应对较为常见的几种自然灾害，以便最大限度地保证旅游者出游安全。

山洪 在山洪易发区或峡谷、溪岸游玩的旅游者，若遇到暴雨或山洪来临，要注意保持冷静，迅速判断周边环境，并尽快向山上或较高的地方转移，千万不要轻易涉水过河。

台风 旅游者遭遇台风时，要尽可能抓住墙角、栅栏、柱子或其他稳固的固定物行走。在建筑物密集的街道行走时，还要特别注意保护头部不被坠落物或飞来物砸伤。

地质灾害 滑坡、泥石流等地质灾害来临时，旅游者应保持冷静，并迅速环顾四周，向较为安全的地方撤离。一般情况下只要行动迅速，都会脱离危险地段。

雷电 出现雷电天气时，室内的游客尽量不要外出并关好门窗，不要使用无防雷措施或防雷措施不足的电视、音响等电器，不使用水龙头；在室外的游客应迅速躲入建筑物内，切勿接触天线、水管、铁丝网、金属门窗、建筑物外墙，远离电线等带电设备或其他类似的金属装置，在旷野无法躲入有防雷设施的建筑物内时，应远离树木和桅杆；减少使用电话和手提电话；正在进行游泳等水上运动以及室外球类运动的游客应立即离开水面以及其他空旷场地，尽量不打伞，不把羽毛球拍、高尔夫球杆等扛在肩上；切勿站立于山顶、楼顶上或接近其他导电性高的物体；不宜开摩托车、骑自行车等。

4. 旅游者走失

如果旅游者在出游期间不慎走失，以下几个小策略可以帮您化险为夷。

- 不要着急，在原地或事先约定的地点等候。
- 如果脱离队伍已有一段距离，可电话联络领队，乘计程车到下一站约定地点会面。
- 如果地址不在手上，又不记得所住酒店和领队的电话，就立即打电话回家，让亲友和旅行社取得联系，尽快得到领队的联系方式及团队下一个目的地的名称。
- 到警察局、使馆或当地旅游观光部门请求援助。如忘记了酒店名称，尽可能地仔细回想并描述酒店及其周围建筑的特征。

（五）娱乐事故

1. 游乐场（园）事故

游乐设施是指在特定区域内运行和承载旅游者游乐的载体，

一般为机械、电气、液压等系统的组合体。游乐设施常见的故障，如突然停机、机械断裂、高空坠落等都可能会威胁到旅游者的人身安全。

- 旅游者应认真阅读《旅游者须知》，仔细听工作人员的讲解，掌握游玩要点，量力而行，未成年人应在家长的看护下游玩。
- 旅游者若在游玩过程中出现身体不适或难以承受时应立即提醒工作人员停机。
- 非正常停机时，应保持镇静，听从工作人员指挥，等待救援，切忌乱动安全装置。
- 出现意外伤亡等紧急情况时，切忌恐慌、起哄、拥挤，应及时协助工作人员疏散和撤离。

2. 现代娱乐场所事故

火灾 影剧院、歌舞厅、俱乐部等娱乐场所多处于闹市区，周围建筑稠密、道路狭窄、人流量大、可燃材料多，较易发生火灾。旅游者逃生时应注意以下几点：尽量压低身体，匍匐行进；若现场有水，可用手巾等布料沾湿后，捂面撤离；撤离现场时要选择最近的安全通道迅速撤离。

打架斗殴 如果旅游者在娱乐场所遇到打架斗殴事件，应做到不围观、不起哄、不介入、更不要火上浇油；如果想劝解，应当先问明情况，站在公正的立场上做双方的工作。若劝解无效，应迅速向娱乐场所管理人员或保卫部门报告，以防事态扩大；打架的一方如果是同行的朋友或熟人，在劝解时要主持公道，不可偏袒。在采取隔离措施时，应当首先拉自己的朋友，以免被对方误解为"拉偏架"，或者被当做"同伙"而受到无辜伤害。

诈骗 少数娱乐场所以提供特殊服务等借口敲诈旅游者钱财，因此，旅游者在目的地的娱乐场所进行消费时，要注意选择有明显店名标志的正规娱乐场所进行消费；问清楚价格后再进行消费；若遇陌生人游说和强拉硬拽，要尽快走开；被敲诈后，要争取索取收据、发票或者其他记录有消费明细和所在娱乐场所的票据，也可以用手机或其他可录像的设备录下当时的情景，便于事后报警和调查取证；安全第一，想办法尽快脱身，不可与对方发生激烈争执，以免发生意外；离开事件发生地后尽快报警。

（六）购物欺诈

若在旅游过程中购买到假冒伪劣商品，首先应该尽快与店家进行协商处理，如果店家没有妥善处理，则可以向旅行社进行举报，也可以直接向旅游目的地的3·15维权热线、工商局、相关消费者报刊、市长热线或目的地旅游局等进行投诉，一般都可以得到处理。但投诉者必须提供购买商品的相关票据等证明。因此，旅游者在异地购物一定要索取货品的相关票据并妥善保管。

如今，上海、北京等地为保障旅游者在国外旅游购物的安全，已明确规定："旅游者在与旅行社书面合同约定的旅游商店内购买商品，旅游商店若在商品中掺杂、掺假，以假充真，以次充好，或者销售失效、变质的商品的，旅游者可以要求旅行社赔偿。"这为旅游者在国外购物维权提供了一定的保障。

（七）旅游纠纷

如果游客在旅游过程中与旅行社发生相关纠纷，可向旅行社所在地的旅游局质监所投诉，若符合旅游投诉受理的范围，相关部门将会及时作出处理决定。同时，被投诉的旅游经营单位在接到《旅游投诉受理通知书》后，可与投诉者自行协商解决纠纷，但必须在规定的时间内将有关和解情况上报，属于被投诉旅游经营者的过错，由其承担相应违约责任的，可责令被投诉旅游经营单位向请求人赔偿损失。

如果游客在旅游过程中与旅游地的商场、酒店等经营单位发生纠纷，可求助于旅行社，以保护自己的权益。

第五节　旅游返程时的安全注意事项

外出旅游行程接近尾声，旅游者开始疲惫返程，特别是在黄金周返程高峰期途中，司机、导游、车辆、旅游者等都已处于疲惫状态，因此存在较多安全隐患。

一、忌讳带回家的"纪念品"

夏威夷沙石　夏威夷旅游局告示板明确标明"切勿取走夏威夷境内的任何沙石"，因此，游客应该遵守相关规定，以免带来不必要的麻烦。

苏格兰石头　据说，苏格兰立国后被英格兰人及北欧人入侵，苏格兰人为了保护祖先的坟墓立下诅咒："凡拿走古墓地带石头的人，必会遇上厄运。"此后演变成不能带走苏格兰的任何石头。因此，到苏格兰的游客应遵守当地的风俗和禁忌，以免带来不必要的麻烦。

图1－1　夏威夷沙石

图1－2　苏格兰石头

埃及黑色猫神像 传说被奉为古埃及神明的猫特别受法老宠爱，法老死后，会仿制黑色猫石像放于墓中，并施下诅咒，如果被盗将给盗墓人带来不幸。为避免产生消极的心理暗示，建议游客谨慎购买。

日本神社传统娃娃 在日本，旧的洋娃娃或者传统公仔通常要在寺庙用火烧掉或供奉在庙内，因此，到日本旅游的旅游者最好不要购买旧的洋娃娃或者传统公仔。

土耳其邪眼 邪眼（Evil Eye）又称蓝眼（Blue Eye），是土耳其较出名的旅游纪念品，但中东吉卜赛的巫术认为挂一个邪眼在家或在身上可吸走外来者的邪气及嫉妒心，戴者要经常更换邪眼，因邪气满了不但开始有魔力，而且会害人。这些说法虽无科学依据，但为避免给游客带来不必要的心理压力，建议游客谨慎购买。

图1-3 埃及黑色 图1-4 日本神社 图1-5 土耳其
　　　猫神像 　　　传统娃娃 　　　邪眼

其他不良物品 如假货、危险品等，这些物品可能导致当地警方的犯罪指控。

二、打包行李技巧

- 行李箱可带一大一小，大的托运、小的随身携带。
- 随身带一件外套，放置在随身携带的小行李箱中，以应付天气变化。
- 玻璃、陶瓷、水晶之类的易碎物品应先用厚衣服包裹，在不占空间的前提下，为此类物品提供更多的保护。
- 质量较重且耐挤压物品可放在行李箱最内层下方，然后按照重量大小将物品依次放入行李箱，使重量集中于行李箱的下方以便拖拉。

三、其他注意事项

- 进站时要听从车站工作人员的安排，按顺序排队上车，避免在相互拥挤时丢失财物。
- 上车后要将行李物品放到自己的视野范围之内。特别是列车中途停站时，更要注意看管好自己的行李物品。
- 列车到站后，旅客如需下车购物，应先确认自己携带的现金和物品是否安全；下车后，尽量避免到人多拥挤的地方，同时要保管好自己身上的财物。
- 列车停车时，如果车窗外有人穿着铁路制服查验证件，千万不要轻易相信，防止拿证件时一些不法分子乘机从旅客手里夺走现金及其他物品。
- 旅客在乘车过程中不要贪图小便宜，不要接受陌生人提供的饮料和食品。
- 保留旅游期间的消费凭证和录像、照片等资料，当权益受到侵害时，这些凭证和资料将成为索赔有力的证据。

第二章 特殊群体旅游安全须知

第一节 女性旅游安全

一、孕期旅游安全

准妈妈可以去旅行吗？这是许多准妈妈心中的疑问。怀孕期间的确也可以享有一段相当完美的旅行，但必须要抓对时机，并且选择合适的旅游项目，才不会造成不必要的伤害。

（一）旅游行程安排

- 以短时间、短程旅游为佳，保持劳逸结合。

- 选择平原风景区，以缓步游览为宜，避免长途跋涉、冲浪滑水、高空弹跳、滑雪、极热极寒之旅。

- 尽量选择配套设施齐全、医疗条件良好、住宿环境优良的旅游度假区，确保该区不属于传染病流行区域。

- 孕妇旅行应选择飞机、火车、轮船等既平稳舒适又安全的交通工具，并尽量选择紧靠通道的座位以便经常起立活动下肢，防止浮肿；此外，计划乘飞机出游的孕妇应提前三天到医院做体检，以便医院为您提供乘坐飞机所需要的诊断证明，诊断证明应在旅客乘机前 72 小时内填写，并经县级（含）以上医院盖章与该院医生签字方能生效。

- 由于胎儿和母体在不同孕期的反应和适应程度有所不同，

孕妇在选择旅游目的地及其相关项目时应该要结合各阶段身体的状况，量力而行。

- 孕期 3 个月内的女性要选择极短程的出游，如到街心花园或附近公园散步等。

- 孕期 3~7 个月的孕妇发生流产的危险性比较低，怀孕早期的一些不适症状也已消失，可到附近的景点进行短途游和极短途游，也可选择跨市或跨省的旅游，但一定要避免劳累、刺激、风险较高的旅游项目。

- 孕期 7 个月以上的女性，容易出现早产或出血、破水等一些特殊状况，因此，该段时间不适合出门旅游，可到住所附近的公园等空气清新、环境安静的地方散步。

（二）旅行必备用品

- 个人证件。孕妇在出游期间应携带产前检查手册、保健卡、身份证等，平时做产检的医院以及医师的联络方式也应记下来，以备随时联系。

- 个人用品。主要包括宽松、舒适、柔软的衣裤，鞋袜，托腹带，护垫，公用马桶一次性坐垫，枕头，软垫等供旅行期间使用。

- 药品。口服肠胃药、止泻药、外伤药膏及蚊虫咬伤药膏等。

- 维生素。孕妇最好每日服用维生素，也可带一些小罐的奶粉，以便在没有鲜奶时食用。

- 征求医生建议。孕妇出游前应先到医院检查，并向医生说明自己的旅游行程，征求医生的建议。

- 陪同。孕妇出游有较多不便，最少有一人陪同以确保旅途的方便与安全。

（三）其他注意事项

- 饮食。选择安全、卫生的水和食物，不吃刺激性食物，保证营养均衡。尽量少吃车站、码头上小商贩出售的食物，并避免饮用汽水、咖啡因饮料及酒类，饭前便后要洗手。

- 疾病。孕妇出游期间一定要根据天气变化情况及时增减衣服，防止感冒；如果在旅途中有腹泻症状，可用世界卫生组织建议的治疗方法：1升水加半汤匙盐、半汤匙苏打粉、1/4汤匙碘化钾搅匀后饮用即可用来治疗旅途腹泻，但此时忌吃油脂及牛奶制品。

- 异常状况。孕妇若在旅游中发生腹痛、阴道出血、下肢浮肿、眩晕、恶心等异常状况，应及时就医，必要时应终止行程。

二、经期旅游安全

月经是女性性功能成熟的一项标志，月经的来潮一般不影响女性正常的生活和工作，但是有时经期中的盆腔充血可引起腰骶部酸痛和下肢重坠感，少女中约有半数在月经来潮时有痛经表现，有时还伴有头晕、低血压、面部惨白及出冷汗等症状，还有20%～40%的女性有经期综合征，即月经前7～14天内会出现头痛、乳房胀痛、全身乏力、紧张、压抑或易怒、烦躁、失眠、腹痛、水肿等一系列症状。而这些不适促使一些女性朋友在旅游前通过服药来改变月经来潮时间，避免经期不适对旅途的影响。

（一）如何改变经期及注意事项

以药物来推迟或提前生理期不同于一般的治疗，是对正常生理周期的一种干扰，因此一定要请教妇科医生，不可自行服药。

1. 避孕药

避孕药除了可以用来避孕之外也具备调经的功能。避孕药本身就是一种复合性的荷尔蒙，但必须在一个月前就准备，该方法虽然

成功率很高，但要连续 20 多天天天吃药，一旦某天忘记吃药就会前功尽弃。

2. 黄体素

如果来不及提前一个月做准备，可利用黄体素或催经针使月经提前，这个方法的好处是服药时间短，但最好在出游前三周到医院请教妇科医生。

3. 雌激素加黄体素

如果临时才决定出游或是在即，几乎离月经期不到一周，这时以上两种方法则都不适用，医生会给您开一些高剂量的雌激素加黄体素，从预计月经来的那天开始吃，连续吃 10 天，等到停药后月经才会来。

以上这几种方法，都有一定的使用时机，如果服药的时机不对或是太晚，即使吃再多药也无法阻挡月经的到来，所以必须提早请教医生，医生会依个人的情况采取适时的调整经期的方法。若是不想改变月经周期，可采用自我调适法来减缓经期带来的不适。

（二）经期旅游注意事项

服用激素虽然可改变月经来潮的时间，但也有可能打乱机体的内分泌规律，引起内分泌失调，影响排卵，造成经期不规律。未婚女性尤其是这样，一些女性还可能因此出现经量减少，甚至闭经，危害性较大。因此，如果您没有痛经史，经前综合征也不明显，可在经期出游，但须注意以下事项：

- 经期可以淋浴，不宜盆浴及坐浴，每日最好用温开水擦洗外阴部，禁止游泳及性交。
- 经期用品应卫生、舒适、吸水性强，勤更换以防外阴擦伤及感染；经期要选择透气性较好的纯棉质内裤，皮带不可系得过紧。
- 行经期间身体抵抗力下降，切忌进行徒步旅行、登山等较长时间的剧烈运动，注意多休息。

- 注意保暖防寒、避免淋雨或蹚冷水，不能长久待在潮湿阴凉的地方，更不能进行冷水浴，还应防烈日和强紫外线。
- 忌食冷饮、冷冻食品以及辣椒、烈性酒等刺激性食品。
- 尽量避开食肉动物，如熊、狮、虎、鲨鱼等，以免由于经血气味的刺激而遭到这些食肉动物的袭击。

三、蜜月期旅游安全

一同出游的新婚夫妇可在山水间享受蜜月的快乐，还可加深彼此的感情和交流。但是在蜜月期出游，还要注意卫生保健以及其他一些事项。

（一）穿戴舒适

- 新婚夫妇多年轻好动，为便于跋山涉水，最好穿布鞋、旅游鞋或休闲鞋，这类鞋子穿着舒适，能减轻旅行疲劳，尽量不穿皮鞋，以防发生摔伤、扭伤。
- 若在炎夏季节出游，新娘应戴上遮阳凉帽和太阳镜，还可擦些防晒霜和润肤露，防止皮肤晒伤。
- 冬季旅游度蜜月应穿着轻软的保暖衣裤，羽绒服、太空棉衣等最为合适。
- 选择易吸汗、无刺激的纯棉内衣裤，切忌穿戴涤纶树脂衬的胸罩和化纤三角裤。

（二）慎重避孕

- 蜜月旅游时，夫妻双方都比较疲惫，而且新婚期间性生活较为频繁，为了身体健康和优生优育，新婚夫妇在旅游期间同房时应坚持避孕，所以，旅游度蜜月要备足避孕药具。
- 尽量不选用紧急避孕药。因为紧急避孕药对妇女的保护仅

为一次性，每月使用不能超过一次，且不宜长期服用。

- 可选用妈富隆之类的短效避孕药，这类避孕药只要每日按时服用，避孕成功率可达 99%。另外，它还有助于调节月经周期，减少经血量及缓和痛经，并有降低患卵巢癌、子宫内膜癌和良性乳房肿瘤的机会等功能。

（三）远离蜜月病

- 蜜月旅游最好安排在婚礼后第 3 天，旅游时间勿过长，以 3~7 天为宜。
- 蜜月旅游尽量避开女方的月经期。
- 在性生活前双方要清洗生殖器。
- 勤换洗内裤。
- 节制性生活，以免因体力消耗过度而影响出游。

（四）注意安全

- 登山时要拾级而上，不要忘情地"女跑男追"，更不要走"通幽曲径"及险路。
- 注意饮食卫生，切忌暴饮暴食。
- 旅途中进餐，口味宜清淡，少食冰冷、油腻的食物。
- 少饮酒，切忌醉卧他乡。

四、携童旅游安全

对儿童来说，旅行不仅充满乐趣，而且还是个增长见识的好机会。但由于他们容易对新鲜事物和不同环境感到兴奋和好奇，因此，家长需要随时随地注意保护他们的安全。

（一）游前准备

- 综合考虑儿童的年龄，旅游地的医疗条件、气候和安全等因素，来选择旅游目的地，做好旅游计划。

- 儿童对天气较成人敏感，家长应尽量选择气候适宜的旅游目的地。
- 出发前先确定房间是否已预订好，如果由女性单独带小孩出游，最好要求酒店提供接机服务。另外，如果孩子已满12岁，尽量预订家庭套房或相邻的房间。
- 如果儿童未到购票年龄，订票前要说明自己带有儿童，并在随身行李中为儿童准备一些物品和衣物；如果孩子有健康问题，也要向承运方说明，并在随身行李中带上足够旅途使用的药物。

（二）旅途安全事项

- 尽量选择过道旁的座位，让孩子坐在中间，以防小孩乱走动。孩子坐下后要给其系好安全带。
- 入住酒店后，先关上客房窗户，锁牢通往阳台的门，卫生间的门也要随时关好；门钥匙要放在小孩够不着的地方；不让孩子单独待在阳台；带着婴幼儿的旅游者还要检查房间、卫生间、阳台的地面或地毯是否干净；并将客房内可能威胁到小孩安全的火柴、玻璃摆件、尖锐物品等收到柜子中或者让客房服务员拿走。
- 旅行中尽量不带小孩到特别拥挤的地方游玩；时刻与小孩待在一起。

（三）游乐场安全

游乐场是儿童旅行的一大乐趣。由于游乐场有严格的安全措施，一般来说，只要遵守安全规定都会比较安全。但也需注意以下事项：

- 遵守游乐场对儿童身高、年龄等方面的限制和规定。不要让身高、年龄等不符合规定的儿童玩游乐项目。游玩时，家人要陪同和协助孩子。

- 对于水上项目，应事先备齐游泳圈等救生装备，并有父母在旁监护，尽量不让儿童单独戏水。
- 去游乐场时，不要给孩子穿带帽子的衣服、长裙、大摆裙、纱裙等复杂衣服，以免被小朋友踩住、拽住而摔倒。
- 游玩回来后，要注意给小孩洗澡，并将其衣服进行清洗和消毒。

五、单身女性出游安全

（一）性别意识

女性旅游者在旅途中遭遇的麻烦和安全问题多数与文化差异有密切关系。如某些国家不允许女性单独外出游玩或就餐，否则会被视为妓女或者遭到敌视。因此，单身出游的女性在出发前要对目的地文化，尤其是性别意识有所了解，尽量入乡随俗。

- 饮酒要适量，如果酒后有头晕等异常反应，应尽快返回自己的住处。
- 不接受陌生人馈赠的食品、饮料、香烟等，婉言谢绝对方的好意。
- 当处于危险境地并可能面临袭击时，保持冷静，最大可能地控制住局面。表现要强硬，谈吐要自信，切忌情绪化，否则会激起歹徒的攻击欲望。
- 尽量不在旅途中建立浪漫关系。

（二）避免药物和酒精

近年来，药物迷奸这种犯罪行为大幅度上升。从英国迷奸药物基金会统计数据来看，2000 年共有 307 名英国妇女在出境游中成为药物迷奸的受害者，其中 87 名在西班牙，78 名在美国，57 名在希腊，27 名在澳大利亚，21 名在土耳其，9 名在泰国，加纳利群岛和中国香港各 8 名，5 名在沙特阿拉伯，4 名在德国，捷克、布隆迪和巴西各 1 名。这些数字还仅仅是报案的，更不幸的是，2001 年世界范围内此类案件的数量增加了 17%。

一项美国的调查表明 97% 的强奸案中至少有一方处于酒精作用之下。酒精会使女性疏于防范，会使男性头脑发热或有暴力倾向。因此，强奸案常常发生在酒吧或俱乐部，18 ~ 35 岁女性是主要的被攻击对象。

（三）反击

当女性旅游者在旅途中不幸被攻击者控制时，在有些情境下可能只能选择反击。反击的诀窍是先发制人，不让自己陷入被迫还击的境地。攻击者会恐吓并制伏受害人，他们可能一开始会用武力威胁，一旦觉得占了上风，就会放松。因此，被困者要掌握好反击的最佳时机。确定时机后，以绝对的爆发性、速度和威力予以反击。

单身外出女性可随身携带一瓶催泪瓦斯、胡椒喷雾或清洁剂等物品用以自卫。当有攻击者靠近时，可以通过用这些物品迅速喷向攻击者的脸部、眼睛或呼吸器官，借机尽快脱身；如果攻击者已酒醉，其攻击力会减弱，行动和反应也会较迟钝，被困者可诱使其按照自己的设计行事，然后找机会逃脱；反击时，可先攻击对方腹股沟、气管、鼻子、胫骨等比较脆弱、且没有肌肉组织保护的部位。

（四）住宿安全

若经济条件允许，女性旅游者应尽量选择女性主题酒店或带有女性楼层、女性主题客房的酒店，这些酒店有专门针对单身女性的一些服务和安全设施，如西安的皇后大酒店就是一家专门面向女性的酒店，上海的瑞吉红塔大酒店、杭州的瑞吉红塔大酒店开设的女性楼层也被誉为典范。经济条件有限的女性旅游者尽量选择在亲友

家或者目的地某所大学内部的招待所住宿。

单身出游女性在饭店入住登记时，要尽量使用全名登记，不用"李小姐"、"李女士"等透露性别的字眼；若前台服务生当着其他人的面念出了您的房间号，要巧妙地要求其换一个房间；避免住在偏僻的拐角或角落处的客房，尽量选择靠电梯的房间。

进入客房后，要先检查房间的门窗是否能锁上，以及其他设施的完好性，如果不满意，最好申请重换一间；不要住一楼的房间，以防犯罪分子从窗户进入；房间内最好不要有与隔壁相通的门。

不单独与陌生男性一起乘电梯，饭店打烊后，不要使用电梯，让前台服务员护送您回房间。不随便给陌生人开门，要打电话向前台或者客房服务中心确认其身份后再开门，若是陌生客人，应让他们在前台等候，并在前台的保护下与这些客人会面。

晚上睡觉前，要把自己的护照、钱、机票、房间钥匙、手机等必要物品放入一小包，如果必须紧急撤离饭店时，只需带上小包就可马上离开。

（五）其他安全事项

- 不乘坐很早或很晚时间到达目的地的航班或车次，否则您不得不在天色很暗时乘坐出租车或公共汽车，此时犯罪活动往往最频繁。
- 女性单独外出旅行可在左手无名指戴上戒指，遏制一些别有用心的关注，如果有人和您搭讪，间接向其表明您在等您的丈夫。在一些国家和地区，婚姻受到比较高的尊重，已婚妇女会受到礼貌的对待。
- 不单独等待公交车和出租车，也不要在夜间单独进入地下通道或地铁站，尽量在热闹、明亮的地方上车，并记下所乘出租车车牌。
- 女性单独自驾游时，若有男性开车接近并指出您轮胎有问题或摁喇叭提醒您车子出了问题，不可轻信，也不要马上停车。即使车子真的出了问题，也要到最近的安全区域停车。

- 如果途中车抛锚了，打开发动机罩和双阀，然后关上车门和窗户，待在车内打电话求助。如果有人来提供帮助，把车窗摇下一点点，能够交谈即可。如果车坏在繁忙的高速路上，下车转移到安全的地方，再打电话求救。

第二节 老年人旅游安全

老年人体力下降、记忆力减退、新陈代谢减慢等特点使其在出游期间面临较一般人更多的安全隐患。如气候微小变化易使老年旅游者患感冒或者水土不服，甚至旧病复发。

一、出游前的准备

（一）游前体检

老年人最好在出游前去医院做全面检查，尤其要了解心肺功能及血压情况，若有某种疾病，应在医生指导下立即进行治疗，暂缓外出旅游；患慢性病的老年人一定要向医生说明行程的大致安排，并征求医生的意见，在医生允许的情况下再决定出游；患慢性病老人出游时要带上"健康卡"，方便在旅途中就医；患高血压、糖尿病、溃疡病的老年旅游者应坚持按时服药，不可突然停药，因为这样做再加上旅途劳累和生活环境、习惯的改变，可使病情反复，甚至发生意外。

（二）目的地、交通工具、活动项目等的选择

- 老年人外出旅游最好选择环境优美、空气清新、客流量少的城市作为旅游目的地，不宜长时间乘车、船旅行，可选择周边游、短线游，一旦发生意外，便于及时返回治疗或通知亲友来照顾。

- 行程安排要结合老年人自己的身体状况，选择安全、卫生，医疗条件较好的旅游目的地和适宜的活动项目，行程安排切忌过于紧张。

- 应选择旅途近、游程短、途中颠簸少的旅游线路，旅途要预留小憩时间让老年人活动腰腿，缓解旅途疲劳。

- 可以在旅行社报名参加专门的老年团，这类团队根据老年人的实际状况量身定做，最适合 50 岁以上的老年人参加，一般行程设计比较轻松，体力消耗小，有些还会配备专业的医护人员随行，较为安全。

- 非团队老年旅游者一定要有成年人陪同，不得单独出游。

- 尽量避开旅游旺季和黄金周等高峰期，4～6 月以及 10～12 月是老年人出游的黄金时间，此时气候较为适宜，老年人不易生病，季节病也不易发作。

- 根据旅游线路的长短及自身年龄、身体状况选择交通工具。不选择噪声大、行驶不平稳的车辆作为交通工具，以免因噪声、震动等引起头痛、头晕、失眠等症状。乘火车最好选择卧铺，乘飞机时需要有家人陪护。

（三）旅途中必备物品莫忘携带

老年人外出旅游宜简不宜繁，但必备物品需带齐。应带上止晕药、止泻药、通便药、感冒药等常用药，酒精、药棉、消毒药水等外用药以及自己日常吃的药物。一些老年慢性病患者还须备一些特殊的急救药，如冠心病病人应随时带硝酸甘油含片和亚硝酸异戊脂吸入剂及速效救心丸；高血压患者要带有效降压药；糖尿病病人要备降糖药和口服糖，以便及时救治低血糖反应或低血糖休克。

老年人体温调节功能相对较差，受凉、受热都容易生病，所以出门时要备足行装，并随身携带家人的联系方式卡，以备急用。

（四）旅途中的安全与保健

- 饮食应以清淡为宜，少食油腻和辛辣、生冷的食物，少饮或不饮酒；重视饮食调节和食品卫生；不贪食。

- 下榻房间要干净舒适、空气流通，睡前用热水泡脚，并自我按摩双腿肌肉和脚心，不喝咖啡和浓茶；旅途中多注意休息，若感体力不支，可休息几天或终止旅行。

- 听力、视力渐弱的老年人出游期间应佩戴眼镜和助听器，并有亲友陪同；除少数体质好的老年人外，尽量不要登山涉水，不进行过分消耗体力的活动。

- 旅途中应根据天气变化随时增减衣服；行走出汗时不要马上脱衣敞怀；睡前要盖好被毯，夜间睡觉要关好门窗。

- 高龄老人外出旅游须用手杖。

二、老年旅游常见病及其预防

（一）旅游腹泻病

- 旅游腹泻病多发生在旅程第 3～7 天，主要是因为过食生冷或油腻食物导致的胃肠道功能紊乱或因细菌、病毒感染型菌痢或肠炎等引起的。

- 应注意饮食卫生，防止病从口入；避免食用未经烧煮的水产品和蔬菜；不暴饮暴食；只喝烧开的水或用氯消过毒的水。

- 旅游过程中若有轻度腹泻，应服用黄连素、强力霉素或次水杨酸铋等。若腹泻次数较多，失水较严重时，要尽快就医。

（二）便秘

老人平时多有便秘倾向，旅游中因生活无规律、饮食习惯改变等原因更易便秘，这给旅途带来诸多烦恼，因此，老年人在旅游中应尽量维持原有生活起居习惯，按时睡眠，合理安排一日三餐，多吃新鲜水果和蔬菜。有便秘习惯的老人清晨起床后先喝一碗淡盐开水，也可携带开塞露等药品。

（三）肺栓塞病

有些老人在出游前毫无症状，在乘车船 8～10 小时后会就开始出现腿浮肿、呼吸急促、胸痛、咳嗽等肺栓塞病症状，严重者可危及生命。因此，老年人应避免连续乘车、船，若必须长时间乘坐交通工具，应注意变化坐卧姿势，并适当离开座位走动，也可在座位上用手按摩或拍打大小腿。

（四）晕动症

据统计资料显示，10%～20% 的老人在乘坐车、船旅游过程中会犯晕动症。其原因在于这些人内耳中调节人体位置平衡的前庭器官过分敏感，忍受不了较长时间的车船颠簸和迅速移动的景物对视觉的不断刺激，柴油、机油以及污浊空气，疲劳、体虚、紧张、饥饿或过饱等都可能引起晕动症。

- 老年人在乘坐车船旅游前，应该保证充足的睡眠；
- 旅途中保持精神愉快，避免紧张；
- 乘车船前应进食易消化、含脂肪少的食物，忌空腹或过饱，避免饮酒；
- 有晕动症史的人在上车船前半小时可服用晕海（车）宁，尽量坐在车厢靠前面的位置，尽量少往窗外看，闭目养神。

（五）心血管病

患有高血压、心绞痛、心功能不全等疾病的老年人在旅游前须作健康体检，并咨询医生的意见，如血压过高、心绞痛频繁发作、心功能不全尚未完全控制，不可外出旅游。

病情稳定者外出旅游须量力而行，避免长途跋涉、翻山越岭、过度劳累。一旦在旅游中感到疲乏，应马上休息。另外，应控制情绪，避免过度兴奋，不要饮酒。

三、谨防被骗

近来，老年人频频被骗已成为一个严重的社会问题。中国正在进入老龄化社会，老年人越来越多，疗效神奇的保健药物、包治百病的医疗器械等不约而同地瞄准了老年人市场。老年人到异地出游，对目的地文化了解较少，而且出游的老人通常经济状况较好，因此，老年旅游者更成为最易被骗的一个群体。

（一）谢绝游说推销

老年人最关注的是个人健康和家庭成员的顺利平安。因此，一些景区的"神医"、"神算"利用这种心理诈骗了不少老年旅游者的钱财。

- 如果在游览期间，碰到一些所谓的"神医"、"神算"主动搭讪，应婉言谢绝，并尽快走开。

- 旅游期间最好不去算卦，以免被一些道德败坏的"神算"所骗，也不要相信所谓"神医"开出的神奇药方。

- 如果有人主动告知您，您或您的家人将会大难临头，必须通过破财来免灾或推销其"神药"，不要去理会。

- 尽量避免在外地购买贵重物品，如果确实比较中意某商品，可联系自己的子女，确认商品质量属实后方可购买，购买

后切记索要发票。

（二）切忌贪图便宜

对送上门的"好处"保持应有的警惕，某些老年人对市场行情不了解、科学知识相对缺乏，若不提高警惕就很容易上当受骗。

- 对主动过来搭讪并表示要以"贵重物品"抵押，借钱"救急"的人，可以礼貌告诉对方，自己对抵押品没有鉴定能力，让其到典当行去。
- 切记天下没有免费的午餐，贪图小便宜会吃大亏。

（三）不轻易相信陌生人

在与周围旅游者或陌生人交往时要保持"距离"，既要礼貌待人、与人为善，又不能把自己亲人的工作单位、住址、电话等私人信息透露给对方，更不要将自己的贵重行李、钱物等交给对方照看。当陌生人提出要帮您兑换外币等要求时，应婉言谢绝。

（四）老年人常见骗局

1. 保健迷雾

一些卖药团体以超低价组织老年人外出游玩，美其名曰"医疗之旅"、"养生之旅"等，其实是在旅途中向旅游者推销自己的产品以逃避卫生行政部门的监管。不论商家以何种名义赠药或卖药，只要是新药且药效被说得非常神奇的，就要提高警惕。效果真正神奇的药品，用不着厂家或销售商卖力宣传，国家也会大力宣传。因此，在购买昂贵的药品之前，应先打电话到药监部门核实真伪。

2. 免费旅游

近年来，一些团体以"老干局"等部门为幌子，组织老年人免费旅游，并在途中向老年人兜售纪念品、保健品等，旅途服务人员以保值、增值等为由说服甚至强迫老年人购买，导致旅途发生纠纷和安全问题。因此，老年人在作决定之前要注意防范，并与自己的子女和亲友多沟通，以免上当。

3. 古董投资

这种骗局通常为团伙作案，通过角色扮演，互为"骗托"。一般欺诈模式为：一骗高价收购"具有珍藏价值的财物"；二骗对事主诱以价格差价；三骗与一骗顺利成交；一骗继续买进，偏逢现金不足，利用投机心理，撺掇事主出资；财到三骗随风开溜，事主翻然醒悟，悔不当初。因此，当遇到连续几个陌生人过来搭讪时，不可贪图小便宜，应马上走开。

4. 神医骗局

"神医"消灾骗局最近几年在全国各地屡屡上演，这类骗局主要以外地中老年妇女为诈骗对象。老年人应相信科学，杜绝迷信，生病要到医院治疗，不可轻信江湖医生；碰到陌生人搭话时，要提高警惕，不要轻易透露私人信息，不把财物交给陌生人。

5. 寺庙骗局

寺庙本应是最廉正、最清净的地方之一，但现在也逐渐被一些所谓的"高僧"当做谋财的宝地。某些寺庙从买香、签名、拜佛、抽签、算命都有一套骗人的流程，一些特别虔诚的老年人忌讳听到晦气的话，很容易被骗。

（五）案例链接*

北京市公安局海淀分局 2004 年曾破获一个街头诈骗团伙。仅有小学文化的妇女万某、黄某等 4 人在 8 个月的时间内，以寻找"神医"为幌子骗取 27 名中老年妇女的钱财多达 100 万余元。这些受害人的年龄多在 50～70 岁，被骗金额少则几千元，多则十几万元。

---

* 摘自《老人天地》，2004 年 12 期，针对老年人的"隐性"诈骗谁来管？

2003年1月7日，路过北京西城区展览馆中俊酒店的陈奶奶引起了骗子们的注意。先是由万某上去搭话，问陈老太是否知道附近有个医术特别神的"神医"。这时，黄某凑过去仔细听她们讲话。聊了一会儿后，自称"神医孙女"的另一名骗子出现了。在谈话中，万某和"神医孙女"串通起来尽可能多地了解陈老太本人和家庭的情况，并由"神医孙女"主动提出带陈老太去看所谓的"神医"。这时，黄某忙将事先偷听来的情况告诉"神医"。

陈老太见到"神医"后，"神医"随口说出受骗人家中的情形，以此骗取老人的信任。见陈老太已经完全相信了"神医"的法力，"神医孙女"马上严肃地告诉陈老太，她家将有大灾，需要将钱物押在"神医"处烧香24小时才能消灾，24小时后可如数退钱。这时的陈老太一心想挽救家人的性命，将7.8万元人民币交给了"神医"。等陈老太醒悟过来后，4人早已溜之大吉。在接下来的8个月里，4人就是利用这种方式，诈骗了27名老年妇女共计100万余元。

第三节　残障人士旅游安全

据我国第二次全国残障人抽样调查的数据显示，目前我国有各类残障人的总数为8296万人。据中国残障人联合会统计，我国残障人口中的60%以上有旅游的愿望。残障人旅游市场开发既会产生经济效益，又是构建和谐社会和衡量旅游产业成熟程度的重要标志。目前，很多城市已经认识到这一市场潜力巨大，并采取了积极措施，如海南、云南已有旅行社推出了哑语导游、残障人旅游景点、盲文服务等；北京一些旅游景点内也已经设立了较完善的无障碍设施。

一、出游的基本原则

随着休闲时代和社会文明的进步，残障人士的旅游需求逐渐得到社会各界的重视与关注，不少景区新增了专门针对老年人和残障人士的硬件和服务项目。考虑到体能方面的制约，为保障旅游安全，建议残障人士出游应注意以下几个安全原则：

1. 同行原则

出游期间一定要有亲人或者专门的护理人员陪同，因为亲人和护理人员更了解其病情和感觉，可以更好地为残障旅游者提供照料，还可以通过游览加深沟通。参加专门的残障人旅游团也是一个不错的选择。但要注意选择比较有经验的旅行社。

2. 针对性原则

尽量选择提供针对性服务的组织和机构，如由中国残奥管理中心和中国旅行社总社共同合作开发的"残奥旅游"项目、北京中康残障人旅游俱乐部、重庆的自强旅行社、黑龙江牡丹江市爱心残障人旅游服务接待处和北京太行旅行社推出的肢体残障人出外旅游俱乐部等。这些旅行社有较为丰富的接待经验，可较大程度地保障旅途的顺利与安全。

南方航空北方分公司、东方航空、上海航空、山东航空等多家航空公司都增加了轮椅服务，有些景区还推出了专门的手语导游或讲解员，旅游者应根据自身的身体状况，选择有针对性服务的景点或线路，更好地满足自己的旅游需求。出游时，应选择无障碍设施相对较为完善的旅游目的地或景点。

3. 量力而行原则

应事先了解旅游目的地的气候、地形等信息，选择气候温和、地形较好的目的地出游，还要结合自身的身体状况量力而行地选择

适合自己的产品和项目，不盲目挑战极限。

出游前应到医院做一个全身检查，向医生说明自己的旅行计划，并征求医生的意见和建议，若在旅途中感觉身体不适，要马上向同行的亲友或护理人员说明。

二、出游的注意事项

（一）带齐相关证件

出游前除携带好身份证、机票等常规个人证件外，还要带上残障人证、医疗证等证件。没有办理残疾证的残障人士在出游前应尽量补办，以享受旅行社或景区提供的特殊服务和政策。

持有《中华人民共和国残疾人证》者可以享受以下优惠：部分景点减免票；搭乘火车、飞机可优先购票和搭乘；市内公共汽车免费；随身必备辅助器具免费携带；专用交通工具可就近免费停放；盲人读物普通邮件免费寄递；就医可优先挂号、就诊，盲人、双下肢残障人、多重残障人免交挂号费；免费进入博物馆、纪念馆、科技馆（宫）等场所；使用收费公厕时免费；影剧院、体育场（馆）提供半价优惠等。

（二）自信满满地参加旅游

对于旅途中可能遇到的一些非礼貌性语言或行为，应做到不卑不亢，尊重别人并维护自己的尊严。坚信"身残志坚"，以积极乐观的态度享受自己的旅途，敞开心扉与周围旅游者进行交流和沟通。

（三）不擅自行动

无论是与亲友自助游，还是参加旅游团，旅途中都不要擅自行动，随时与护理人员或随行亲友保持一致行动，听从导游员的讲解和建议；在亲友或专门护理人员的陪同与帮助下，积极参加力所能及的旅游活动；出游期间与陌生人相处时，不过多泄露自己或家人的私人信息，不要随意将自己的财物交给陌生人保管。

三、服务与设施的利用

（一）规范使用无障碍设施

残障旅游者出游期间应该尽量按照使用规则正确地使用专门为不同的残障人士设置的无障碍设施，减少出行可能给自己带来的麻烦。虽然目前我国各城市都在不断完善无障碍设施的建设，但现有的一些无障碍设施仍普遍存在着一些问题，例如盲道被占是大多数城市的通病，这些都影响着残障人士的出行和无障碍设施的使用。因此，残障人士外出过程中使用无障碍设施时应小心。

（二）享受无障碍服务

近些年，我国各银行、邮局、医院、书店、公交公司等公共服务机构和饭店、航空公司、景区等都纷纷提出了针对残障人士的无障碍服务，体现了社会各界对残障人士的关爱和重视。2008 年奥运会和残奥会在我国的举行也推动了我国无障碍服务的提升和完善，这为残障人士外出旅游创造了良好的条件。

如国航作为奥运会航空合作伙伴，为保障残障人的畅行无阻，将无障碍服务作为其航空运输保障的重要组成部分，为残障人士安全、顺畅、快捷、方便地搭乘飞机、抵离机场提供了很大方便。

由于各酒店、景区、交通等部门的无障碍服务都处在逐渐完善的过程中，因此还存在较多不足，出游期间难免会遇到一些麻烦或周折。当发生此类状况时，残障旅游者要耐心，一方面可以向服务提供方提出自己的建议和不满，另一方面也要体谅和了解对方，平静等待问题的解决。

第三章 不同旅游形式的安全注意事项

旅游者的成熟和旅游中间商的多样化使旅游形式由单一的旅游转变为团队游、自助游、自驾游等多种形式。但是无论是哪种旅游形式，都存在着不同程度的安全问题与隐患。

第一节 团队出游安全

一、选择旅行社和旅游产品的注意事项

各地旅行社众多，旅游广告更是五花八门，选择旅行社确实不是一件容易的事。为方便旅游者，提供以下几条原则供大家在选择旅行社时参考。

（一）了解旅行社的经营范围

在报名之前，可要求旅行社出示旅游部门颁发的《旅行社业务经营许可证》和工商部门颁发的《工商执照》，看其是否具有旅游局审批的旅游经营许可证；是否已缴纳旅游质量保证金；是否已缴纳旅行社责任保险金；是否有应有的公章、发票，严格的管理及线路行程、报价、商标、保险、导游等。

若报名点远离旅行社总部，应要求其提供旅行社总部的办公地

址和联系电话，或咨询旅游部门，以备核实。旅行社的服务网点应悬挂有旅游部门颁发的《旅行社服务网点备案登记证明》。

（二）选择口碑好的旅行社

正规的旅行社或者有较高知名度的旅行社都会努力树立自己在市场中的形象，因此，有些旅行社通过改制优化了企业内部机制，有些旅行社通过了质量体系认证。一般来说，消费者可以依据旅行社获得资格的年份和办理机构来判断其信誉，若某旅行社采取挂靠或简单承包的方式经营，营业场所只有两张桌子一部传真机，它的信誉一般不会太好。

旅游者应尽量选择在知名度较高、口碑较好的正规旅行社、各级旅游局等开办的诚信网上获得相关信息，或向身边经常出游的亲友征求意见，像国旅、中旅等较早成立的骨干旅行社拥有较好的口碑，应为旅游者优先考虑的对象。

（三）不要轻信旅游广告

通过电视或报刊上的旅游广告进行报团时，一定要先弄清楚旅行社的名称、地址、许可证号、经营范围等，一旦发生旅行社违约或服务质量问题，这些都是投诉的重要依据。

目前很多旅游广告都没有社名、地址，只有报价线路和联系电话，这样的广告要么是旅行社挂靠或承包，要么以商务考察、代办护照、代订机票等形式变相经营出国旅游，还有的是以咨询公司的名义经营旅游业务，在这些情况下，旅游者的权益都无法得到很好保护，旅游者最好不要选择。

（四）不以报价高低来决定取舍

一般来说，旅行社的报价包括两种：一种是全包价，即包括交通、住宿、餐饮、门票等；另一种是小包价，即只包一部分费用或在某一段行程中的费用。

游客选择线路和旅行社时，不能一味选择报价低的线路或者旅

行社,而是要先问清收费价格中包括哪些部分,还有哪些需要自理,可以算算大概费用,判断是否为低价团,以免旅途中发生纠纷。所谓"一分钱一分货",旅游者遇到同一线路不同价格时,不要仅以团费的高低决定取舍,更需比较团费中所包含的旅游项目和服务档次,并结合旅行社的诚信度和品牌来作出选择。

二、报名手续及注意事项

(一) 提前做好旅游计划

旅游者参团旅游应提早报名,特别是在旅游黄金周、学生暑假期等旅游旺季,提早报名可使旅行社有足够的时间为您做好旅游行程安排。

(二) 根据自身情况选择合适的线路

旅游者要根据自身的经济、时间、健康等各方面的状况选择合适的旅游线路。如年长者或小朋友应选择距离比较近,旅途比较安全、舒适的省内游、城市周边游。

(三) 报名参团手续要齐备

选定旅行社后,须办理以下报名手续:①持有效证件亲临有关旅行社营业部或报名点。②旅游者报名时,应尽可能地了解旅行社提供的服务内容和标准,如食宿标准、交通工具标准、游览线路及景点、导游服务、自费旅游项目、购物次数等,出境游还包括兑换外汇、办理护照签证等内容。③清楚了解团费所包含的项目,交付团费并索要发票、行程表、参团须知、赔偿细则等。④与旅行社签约时,务必向对方索要旅游行程表,旅游行程表应包括往返的具体时间及交通工具、每日的具体行程、乘坐的交通工具、游览景点、住宿标准、用餐次数、餐饮标准、娱乐安排、购物安排等项目。此外,还应留意是否提供全程导游服务、观光购物的时间分配是否恰当等。⑤旅游合同是保护旅游活动当事人合法权益的法律依据，也是处理旅游纠纷的法律依据。凡旅行社均要与旅游者签订旅游合同，旅游合同应就旅游行程安排、旅游价格、违约责任等做出明确说明。

（四）旅游保险意识需增强

根据国家旅游局的规定，旅行社均已投保旅行社责任险。因旅行社责任造成旅游者人身、财产损害时，按《旅行社投保旅行社责任保险规定》处理。旅游者可从旅游合同上的"保险金额"一栏得知旅行社的投保情况。如果旅行社的投保标准低于上述规定要求，发生事故后，旅行社须按最高赔偿金额给事主补足赔款。

由于旅途中也有可能发生非旅行社责任的安全事故，为获得更为全面的保障，建议旅游者与旅行社签约后，向保险公司购买相关的旅游者个人保险。

三、签订旅游合同的注意事项

旅游合同是有关部门受理投诉、司法部门审理案件的重要依据，是保护旅游者与旅游经营者合法权益的重要手段。因此，旅游者在出游前应当与旅游经营者签订书面旅游合同。在签订旅游合同时要注意以下事项：

（一）明确约定合同内容

《旅行社条例》规定，旅行社必须和旅游者签订合同。旅游合同应载明下列事项：

①旅行社的名称及其经营范围、地址、联系电话和旅行社业务经营许可证编号；②旅行社经办人的姓名、联系电话；③签约地点和日期；④旅游行程的出发地、途经地和目的地；⑤旅游行程中交

通、住宿、餐饮服务的安排及其标准；⑥旅行社统一安排的游览项目的具体内容及时间；⑦旅游者自由活动的时间和次数；⑧旅游者应当交纳的旅游费用及交纳方式；⑨旅行社安排的购物次数、停留时间及购物场所的名称；⑩需要旅游者另行付费的游览项目及价格；⑪解除或者变更合同的条件和提前通知的期限；⑫违反合同的纠纷解决机制及应当承担的责任；⑬旅游服务监督、投诉电话；⑭双方协商一致的其他内容。

一般情况下，旅行社都是用旅游部门制定的旅游合同示范文本，因此，旅游者在签订合同时一定要认真查看是否有相关内容，具体是什么情形，尤其是行程、价格、违约责任等。

（二）注意合同内的细节问题

旅游者与旅行社产生纠纷通常是因为一些细节问题没有在合同里表述清楚而引起的。常见的这些问题包括：

其一，所乘坐的交通工具，特别是"客运汽车"一项，应就其产地、品牌、型号、有无空调、座位数等内容作明确描述。

其二，"旅游景点"一项应包括在旅行社所作广告中的所有景点，并应明确参观开始和结束的时间，还要仔细看景点是进去参观还是路过、远眺等。需要另行付费的景点有哪些。必要时，可将旅行社所作广告行程约定为合同的附件。这里要注意，旅行社在各种媒体上所作广告上的行程，如未在合同中说明，则不能作为合同的正式内容。

其三，"住宿标准"中应注意对"星级"的理解，是星级饭店还是相当于星级饭店。当住宿设施是一般的旅馆、招待所时，应明确约定住宿房间内的床位数、有无卫生间、有无电视机、有无电话等设施设备。

其四，"购物"一项应明确购物次数、购物点名称及在每个购物点所逗留的时间。

其五，"旅游价格"一项应尽可能的细化，明确上文所列的各项交通费、各住宿点食宿费用、景点门票费、导游费等费用。

其六，"违约责任"一项应包含纠纷处理方式、投诉受理机构等，游客应关注旅行社违反约定应该承担什么样的责任。

（三）合同要旅行社签章

签约时，旅游者一定要确认合同已加盖旅行社公章，经办人已签署真实姓名。如果旅途中与旅行社发生难以调解的纠纷，旅游者可拨打各地旅游投诉电话，与当地旅游监管部门联系。若因团队服务质量问题造成旅游者合法权益受到损害，旅游者可向当地旅游部门、工商部门等投诉。

（四）常见的旅游陷阱及应对

1. 旅行社陷阱

每到旅游旺季，许多打着大社旗号、实为挂靠经营的小旅游门市部就会以正规旅行社的名义，大肆进行旅游宣传。此时，旅游者应明确正规旅行社应具备的各种证照，如旅行社经营许可证、工商营业执照、税务登记证等。旅游者应避免在不具备经营资格的旅行社报名，否则一旦出现服务质量问题，自身的权益将无法得到保障。

2. 价格陷阱

一些旅行社为争夺客源，推出"零团费"或"负团费"，其实"羊毛出在羊身上"，旅行社是商业组织，不是慈善机构，因此这些旅行社会以其他方式变相向旅游者收费以弥补其低廉的价格。所以旅游者选择线路时，一定要从线路的内容、层次等多方面进行综合评价，不要仅关注价格。

3. 合同陷阱

少数旅行社为给地接社、导游留下赚钱的操作空间，会在合同中做手脚，将旅行社应承担的责任条款模糊化，而将免责条款一再

扩大。还有的旅行社故意以"行程安排表"来代替合同。旅游者应加强防范合同风险的意识，签字前应仔细阅读各项条款，发现对自己不利的或模棱两可的语句一定要修改，格式合同条款中未明确的内容，应通过补充条款来实现。

（五）合理维权

合同对于旅游者和旅行社具有同样的保护和约束作用，不仅要求旅行社诚信经营，同时也要求旅游者文明出游。旅游者的利益一旦受到侵害，可采取以下几种投诉方式：

1. 向旅游质量监督管理部门投诉

全国各省及主要旅游城市都设立有旅游质监所或质监机构，其职责就是检查、监督、受理并处理好辖区范围内的旅游服务质量投诉案件。旅游者在旅行过程中遇到旅游服务质量问题或合法权益受损时，可以立即去当地的旅游管理部门投诉。也可向组团社所在地的旅游质监所投诉，递交投诉状。投诉状要写明被投诉单位名称，投诉人的姓名、性别、国籍、职业、年龄、地址及联系电话，投诉事件经过等。

2. 向消费者协会投诉

旅游者在旅游中遇到旅游服务质量问题，亦可向目的地或旅行社所在地的消费者协会投诉。投诉信要写清投诉人的姓名、地址、邮编、电话号码，被投诉方的单位名称、详细地址、邮编、电话号码，投诉事件经过及有关凭证、材料。

3. 向人民法院提起诉讼

如果旅游者或旅行社对消费者协会或旅游质监部门的调解结果不满，可向法院提起诉讼。还可以通过仲裁协议申请仲裁。根据消费者权益保护法，法院受理的案件，消费者协会、旅游质监所将不再受理。

四、团队意识要增强

随团旅游时，旅游者要有团体意识，一切以导游的安排和团队的集体活动为标准，不要随便离团或单独活动。应特别注意以下几点：

其一，参团旅游者要有时间观念，尽量提前 10 分钟报到，以免因时间仓促而导致心慌意乱、举止失措或遗失东西。

其二，仔细聆听导游的介绍与说明，若有疑问，应待导游人员解说告一段落后再提出。以免错过导游强调的注意细节。

其三，下车参观或自由活动时，要听清楚集合时间，准时上车，以免因迟到而影响后续行程安排。

其四，私自外出时，要通知领队或导游并带好所住饭店的名片，以便迷路时使用，外出最好能结伴而行。

其五，夜晚至凌晨时分是劫匪作案的高峰时段。因此，在这一时段内，旅游者尤其是女性旅游者应尽量避免在偏僻或昏暗的路段上独自行走。

五、与人相处时的注意事项

旅游团队中，成员因为旅游活动而临时组合在一起，彼此之间并不了解和熟悉。因此，与团队其他成员相处时，既要互相谅解与帮助，又要小心谨慎，正所谓"害人之心不可有，防人之心不可无"。因此，与同游的其他旅游者相处时，要注意以下事项：

- 初次交往或接触时，应彬彬有礼，不要过于随意或亲近从而引起对方反感。
- 对于一些有特殊的地域、宗教和工作背景的人，尤其要注

意自己的言行举止，以免造成误会或引致纠纷，影响旅途
的心情。

- 不要主动询问他人的私人信息，也不要主动向他人透露自
  己的私人信息，以免带来不必要的麻烦。
- 女性旅游者与异性相处时要注意分寸，不要轻易相信对方
  的甜言蜜语，尽量不与异性单独外出，旅途中邂逅的浪漫
  很美好，但却有很大的风险。
- 尊重导游，听从导游的合理性建议，理解导游工作的辛苦，
  不故意刁难导游。

第二节　自助游安全

自助游的目的地分两类，一类是成熟的旅游城市和景点，另一
类是未经开发的区域。到成熟的旅游目的地去自助游危险不大，安
全系数与团队旅游差不多；而到未经开发的区域自助游，接近于探
险的形式，必须要提前做好各种"功课"。

一、自助游出发前的准备

对自助游旅行者而言，出游前的准备工作非常重要，行前准备
愈早、愈完备则愈好。自助游中虽多少有探险的成分，但只要带着
正确的旅行观念，重视行前的准备，就完全可以应付旅途中一些未
知状况。

（一）事先了解景区（点）的状况

自助游的爱好者们大多崇尚自然风光绝佳之地，而这些地方往
往是人烟稀少、交通不便、救援体系极不完善之所。由于我国目前

很多景区的安全救援体系和自助游较发达的国家相比差距甚远，泥石流、山体滑坡、气候突变、野兽袭击等事故发生的概率较高，甚至一些地方还存在着手机屏蔽、救援无力等状况。

- 自助游旅游者事先一定要了解景点的天气、饮食住宿、地理、医疗卫生等各方面的情况，特别是选择去山区峡谷地区旅游时，一定要注意收听天气预报。
- 旅游者还可充分利用目的地的"旅游咨询中心"来了解相关旅游信息。
- 出游前尽可能多地搜集一些有关景点介绍的资料，了解目的地的大致情况及主要旅游线路。
- 确定旅行线路时，尽量考虑成熟线路以防发生迷路或其他无法预料的危险。
- 自助游经验不是很丰富的旅游者尽量不要选择雪山旅行、沙漠旅行等危险程度较大的线路，以常规旅游为宜。
- 确定旅游目的地之后，应查阅有关旅途的交通状况，并结合自己的时间、经济条件及身体条件，确定安全、合适的交通线路和工具。
- 出游前还要确定好行程的详细线路、休息时间、休息地点等，预测旅途中可能出现的意外状况，并做好预防与应对准备工作，做到防患于未然。
- 出游前应预订好房间和往返的交通票。

（二）自助旅行的必备品

- 目的地地图及有关目的地社会、经济、景点等方面的介绍资料。
- 携带适量常用的治疗肠胃系统和心血管系统的药物及创可贴、棉棒、酒精等。
- 对于一些交通不发达、比较偏远的目的地，最好几个人结

伴而行，以便旅途中相互照应。

- 带齐个人相关证件及衣物、洗漱用品等出游常备物品。

（三）自助游小窍门

自助旅游意味着吃、住、行、游、购、娱所有事情全由自己负责，操作较烦琐，旅游旺季，在旅游热点地区解决往返交通票以及住宿问题可能会遇到麻烦。但困难也是挑战，只要找到窍门，问题就容易解决。方法如下：

- 避开旅游热点地区。选择一些风光秀美的或离出发地较近的"冷点"地区作为旅游目的地。
- 提前订房、订票。自助游旅游者应算好旅途时间，提前委托朋友或旅行社订房、订票，以避免临时抱佛脚不知所措。
- 结伴同行。与情侣、亲友或同事相约出行，不少于2人，不多于10人，4~5人为佳，这样既可在旅途中相互照应，共同解决问题，又可以节约费用。
- 推选领队。2人以上结伴一起自助游，最好推举一位精明能干、自助游经验丰富的成员作为领队，由其负责统一解决大家的吃、住、行等问题，切忌各行其是。
- 半自助方式。如果是在高峰期出游也可采用半自助的形式，即由旅行社解决往返交通票，到达目的地后，游客自行解决吃、住、游等其他问题。

（四）独自行走或自发组织需谨慎

单独自助出游若发生意外最难搜救，即使尚存生机，也可能因搜救困难而酿成惨剧；另外，虽然多数单独自助游旅游者都有丰富的户外经验，但一旦遇到滑坡或山洪等突发自然灾害，也会面临危险。因此，最好不要单独出游。

自发组织户外自助游，一旦发生事故往往是多人伤亡甚至全部罹难，因此，自发组织自助游的旅游者最好参加那些比较正规的、户外经验较丰富的团队，而且要选择安全设施、紧急救援体系相对较完善的目的地。

自助游的发起者或组织者应该在出发前把整个活动计划告知所有成员，并充分告知野外的安全风险和防范事项。

二、自助游的旅游保险

（一）自助游投保

自助游有别于常规的组团旅游。第一，自助游旅游者享有较多自主选择权，组织方责任相对较小；第二，组团旅游时旅行社必须与旅游者签订旅游合同，旅游、工商部门制定的只是示范文本，不具有强制力；第三，一些自助游发起者不收取费用，这在法律上被认为是一种无偿要约行为，他人若接受邀请，就意味着参与人和发起人对旅游的线路、行程安排等具有平等的表决权。但从法院的判例看，即使是非营利性质的自发成团，自助游发起者也是要承担部分责任的。

目前，专门针对自助游旅游者的险种也逐渐出现。如人保财险的"任我游（自助式）保险"、美亚的"伴你邀游"境内游保险等险种就是专门针对蹦极、攀岩、潜水、滑雪等热门业余运动的险种，还可提供 24 小时的紧急运送和救援。另外，太平洋寿险的"世纪行"和"境外救援"、平安寿险的"旅行平安卡"、中国人寿的个人旅游意外伤害险等险种也较适合自助游旅游者。以上几种产品的保险期限为 3～30 天，保费较低廉，保额较高、保险责任相对全面，提供了意外伤害及医疗、交通工具意外、游艺项目意外等各种意外风险保障。

消费者除可在旅行社购买旅游意外险外，新华保险的手机投保航意险、太平洋寿险的手机钱包投保意外险服务等都很方便。只要

通过发送短信就可以购买，大大方便了自助旅游者。

（二）购买自助游保险的四大误区（包括委托旅行社代购机票或代订酒店的自助旅游者）

1. 仅购买责任险

责任险是指保险公司对旅行社在从事旅游业务的经营活动中，致使旅游者人身、财产遭受损害而进行赔偿的险种。这意味着，如果不是因旅行社的责任而造成旅游者人身、财产的损害就由旅游者自己来承担。故某些委托旅行社代购机票或代订酒店的自助游旅游者还需购买个人的旅游保险。

2. 不索取发票及保险凭证

旅游保险时间短，某些不良旅行社不将投保信息传真给保险公司，而将保险费作为其一项"收入"，消费者一定要及时索取相关凭证以保障个人权益。

3. 旅游时才买保险

很多保险公司都有 1 年期的旅游综合保险，如航空意外保险、交通意外保险等。这些产品不但保障全面，而且 1 次缴费可以保障 1 年，可以省去每次旅游投保所需的繁杂手续。

4. 买保险时不看免责条款

所有的保险产品都有责任免除条款，意外保险尤其要看清其中的责任免除条款，旅游者购买旅游意外保险时，须根据旅游行程和活动项目作出有针对性的选择。

三、自助游纠纷的处理

自助探险游是自助游中发生事故最多的一种形式，而目前我国尚未建立与户外探险活动相关的明确制度和法律规定，也没有统一的责任认定机制。

目前我国最高人民法院已起草关于审理旅游纠纷案件适用法律若干问题的司法解释，该草案可作为目前处理除自助游以外事故纠纷的相关参照。

草案明确规定在当事人自发组织的自助游过程中，一方当事人重伤或死亡而其他当事人无过错的，人民法院可以责令其他当事人承担补偿责任，但若受害人提出精神损害赔偿的，人民法院对此不予支持；仅为自助旅游者提供住宿与往返旅游费用组合的旅游服务提供者，草案规定在此过程中发生人身与财产损害的，旅游服务提供者不承担责任，但法律法规另有规定或当事人另有约定的除外；对旅游过程中发生交通事故的，草案规定因非可归责于旅游服务提供者的，其不承担赔偿责任，但旅游服务提供者对于车辆驾驶者和车辆未尽谨慎选任义务的，应当与侵权人承担连带赔偿责任。

四、自助游事故的应对

（一）互相救助

户外自助旅游"自由组合、自愿参加、自主判断、自力完成、自负费用、自担风险"的原则是符合当事人意愿的自治原则，而互相关怀、助人为乐、同舟共济、遇险救援则是道德义务。户外自助旅游遇险案例也表明，在遭自然灾害和意外事件的时候，不仅旅游团成员之间应相互救助，其他的旅游者也应尽力互助。户外自助旅游领队承担损害赔偿责任的归责原则是过错责任原则。国家要加强对户外自助旅游领队的资格认证，保证户外自助旅游活动的健康发展。

（二）其他注意事项

- 自助旅游最好结伴出行，未成年人或年老体衰者最好不要

参与自助旅游，否则必须由成年人陪伴；

- 到目的地之前应预订好房间，尤其是在旅游旺季或者周末、节假日，应在出游前就落实好自己的往返交通票和住宿；
- 患有慢性病的旅游者不宜到环境恶劣的目的地自助游，而应选择医疗设施较为完善、离出发地较近的地区旅游；
- 没有户外生存经验的旅游者切忌在夜间露营、露宿。

第三节　自驾游安全

自驾车旅游最早出现于 20 世纪的美国，最初人们将此形式称为 Sunday-drive（周末驾车游），发展到后来演变成更自由、更个性化的 DriveTravel（自驾车旅游），随后在各发达国家越来越流行。近年来，随着我国个人汽车拥有量的快速发展，周末、小长假期间的自驾游旅游者几乎占据整个旅游市场的半壁江山。但由于目前我国对自驾游市场监管不严，相关制度和规范的缺失，以及旅游者、司机双重角色等问题，使自驾游安全成为公众关注的焦点。

一、出行前的准备

（一）证件及相关工具书

证件　自驾游旅游者应带好身份证、驾驶证、行驶证、养路费单据、购置税单据、车船使用税单据、特殊地区通行证、保险费单据等相关证件。

路书　路书就是详细的自驾车旅行书面计划，是自驾车旅行的蓝图和脚本，也是自驾游的必备之物。路书不仅应该包括每天的详细线路安排（包括途经的地点、里程、道路特点等），还要有途经的景点风光简介、食宿安排、中途休息站点等信息。此外，在路上还要利用吃饭、住宿时多与当地人接触，掌握最新的资讯，有必要时应重新调整路书。

地图　地图是指引自驾游旅游者的照明灯，尤其是选择不太熟悉的目的地，出发前一定要事先准备一张最新版的地图。

（二）携带装备

个人装备　自驾游旅游者应携带的个人装备主要包括：水、部分干粮、现金、信用卡、手机、多功能手表、照相器材、车辆的备用钥匙（随身携带）、火柴、驱蚊（虫）药等。

技术装备　自驾游的技术装备主要包括：地图、指南针、GPS（卫星定位系统）、数码相机、电池充电器、瑞士军刀、木锯、头灯、电池、手电等。

汽车装备　包括修车工具一套、打足气的备胎和补胎工具、车用气泵、千斤顶和轮胎扳手、灭火器、拖车绳、启动用的大线、停车警示牌、1升机油、齿轮油、刹车油、备用灯泡、保险管、气门芯、可冷补的不干胶胶皮、纯净水、木板、工兵锹等。

应急装置　出外游玩可能会遇到一些意想不到的情况，自驾游旅游者最好带上急救药箱、应急灯、汽车救援卡等应急设备或工具。

（三）出游前汽车应"全面体检"

自驾游（尤其是长途自驾游）旅游者出行前，一定要将车开到特约维修服务站，进行一次全面体检。

- 着车时应检查发动机灯、气囊灯、ABS灯、S灯是否启亮。
- 检查制动系统，看制动距离是否正常。如果是旧车跑长途，要对制动片、离合器片进行检查，以保证不会因为其过度

磨损而造成车辆故障。

- 检查车的方向系统是否有方向发抖、发摆、跑偏等现象。
- 对机油液面、防冻液液面、变速箱油液面、转向助力油液面、刹车油液面进行检查，并通过观察车辆部件外观以及车下地面，确认车没有漏油或漏液现象。
- 对雨刷、轮胎、后视镜等外部设备进行检查，应特别注意轮胎气压，以免因轮胎气压过低而造成高速行驶时的爆胎事故。

租车自驾旅游者更需要了解清楚车的情况。其一，租借车辆时，首先要了解车况，尤其是直接影响行车安全的制动、转向、灯光等，然后选择车况较好的车。其二，进入驾驶室后，先要调整好座椅，熟悉仪表的作用及操作件所在的位置。最好事先阅读一下车辆的使用手册，也可直接向车主了解驾驶车辆的注意事项。其三，租车后，要亲自试驾一段路程，以熟悉和检查离合器、油门、制动器和发动机的工作情况。其四，须检查整个润滑油系统，包括齿轮箱和变速箱的润滑油，以及底盘、刹车、方向、灯光、轮胎、悬挂装置、油、水、电、燃油、冷却液、制动液及传动系统主要部件等，若存在问题，应要求换车。

（四）修改保单，缴纳养路费

旅游者出发前还应到保险公司进行"保单批改"，将承保范围扩大到省外，如果是全保，通常出省一个月仅加收 50 元保费。没有办理养路费的车主要及时到各地的公路征费中心办理养路费登记入户手续，缴纳养路费，避免给旅行自驾游带来不便，并随车带上养路费缴纳凭证。

（五）结伴出行

自驾车旅游最好是 2 辆车以上（5 辆以下）结伴同行。长途行车时，应由多名持有驾照的同伴交替开车，且最好能有一个会修车的同伴。另外，参加汽车俱乐部的自驾游也是很好的选择。

驾驶者须身体健康、精力充沛，不带病上路，更不要在服用镇静或抗过敏药物后驾车。切勿疲劳驾驶，路途遥远时应适当休息或更换驾驶员。为了防止瞌睡，可在嘴里含一片柠檬。

二、个人自驾游旅途的注意事项

（一）特殊路段或天气应谨慎

雨（雪）天气应严格控制车速，因为雨（雪）天路面湿润，轮胎吸地能力减弱，制动系统受到影响，刹车距离要加长。因此，雨（雪）天驾车最好保持更长的安全距离。

夜晚驾车能见度较差，驾驶者要会用路面的明暗和不同的反光来判断路形路况，任何光照形状的变化都应及时注意。如光柱变窄可能是山口，光柱变短可能是弯道或上坡，光柱变长可能是弯道或下坡，光柱下缘出现缺口可能是坎坷或坑洼。此外，还应学会利用颜色判断路形路况，如成片的亮处可能是积冰或积水，暗处可能是坑洼。

通过山路时，应选择道路中间或靠山一侧行驶，转弯时应谨遵"减速、鸣笛、靠右行"的要领，随时注意对面来车和路况。遇到危险路段应停车察看，在确保安全的前提下慢速通过，同时应注意车厢及车上物品勿与山体碰撞。

车辆跨越浅沟时应低速慢行，并斜向交叉进入，使一轮跨离沟渠，同轴的另一轮进沟；跨越较深的沟渠，应用一挡通过，车辆如有全驱动装置应将其启动；进入沟底时，应加大油门使车轮快速爬上沟顶。

通过陡坡应及时、正确地判断坡道情况，根据车辆的爬坡能力提前换中速挡或低速挡。要保持车辆有足够的动力，切不可等车辆

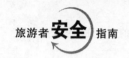

惯性消失后再换挡,以防停车或后溜。如被迫停车,应停稳后再起步,以免损坏机件甚至造成事故。万一换挡未果造成车辆熄火后溜,不要慌张,应立即使用脚刹和手刹将车停住(千万不要踩离合器踏板)。如果仍然停不住车,应将方向盘转向靠山一侧,用车尾抵在山体上,利用天然障碍使车停下。下坡时可利用发动机的牵阻作用和脚制动控制车速,切忌空挡滑行。

(二) 旅途如何防盗、防抢

上车后立即锁好车门,通风时不要将车窗玻璃完全降下,单独驾车的女性尤其要注意。

行驶途中若突然有陌生人向您示意或敲打车门窗时,不要马上停车或打开车窗,应将车开到安全的位置再查看车子是否出现故障。

在偏僻或人流稀少的停车场或路口与其他车辆发生碰撞或摩擦时,要注意观察对方驾驶员的动向和周围情况,如果对方车上有很多人,应小心行事;若对方采取过激行为,应迅速驾车离开现场,同时报警。

在偏远或复杂路段停车前,应仔细观察周围的情况,如果发现有车紧跟,则应继续向前行驶一段距离后再停车。

当下车加油或排除车辆故障时,若车内无人,应锁好车门。尤其是在单独自驾出游或者携带老人、儿童出游时,更应如此。

尽量将车辆停放在有人看管的停车场,而不要停在路边或偏僻的地方;财物和车辆证件要随身携带;不要将车辆借给不可靠的人,以免车钥匙被复制;安装防盗报警装置;车钥匙应随身携带,防盗器的遥控器要贴身存放。

(三) 旅途突发事件的应对

车行千里,难免会遇到一些紧急情况。以下几个应对突发状况的小策略可备不时之需。

　　轮胎爆裂　若后胎爆裂，车尾会摇摆，驾驶员应双手紧握方向盘使汽车保持直线行驶，反复且间歇地踩踏制动踏板，不要急踩刹车；若前胎爆裂，驾驶员应用力地把握方向盘保持车辆直行，并轻踩制动踏板以免车前部承受压力过大而导致轮胎脱离。

　　制动失效　制动失效时，应控制好行驶方向，同时狠踩几下刹车或迅速换入低挡，利用发动机制动减速，同时拉紧手刹；若以上操作均无效而汽车又有可能面临碰撞或下滑等危险时，可利用路边的土墩、树丛、草垛等帮助汽车减速直至停下来。

　　前风挡玻璃破裂　若前风挡玻璃被前车的后轮扬起的飞石击破，必须降低车速，并尽快驶离车道，不要突然转动方向盘或过分地用力制动。在没有前风挡玻璃的情况下继续行驶时，要把所有的车窗关紧。

　　汽车侧滑　路面附着力小、路面泥泞、突然加速、前后轮制动不均匀、轮胎气压不符合规定等都会导致车体侧滑。如果是制动造成的侧滑，应立即停止制动，减小油门，同时把方向盘转向侧滑的一侧。打方向盘时不能过急或持续时间过长，否则车辆可能向相反的方向滑动。如果是其他原因引起的，在侧滑时尽量不要使用制动，并且要使离合器保持接合状态。

（四）女性自驾的注意事项

- 不挂太多小饰物。不少女孩喜欢在车内挂一些小饰物，但要以不影响开车的视线为准。

- 高跟鞋或松糕鞋不能使脚跟很好地着地，会影响制动力度和反应时间，因此，女性驾车前最好换上旅游鞋或运动鞋，切忌穿高跟鞋或者松糕鞋驾车。

- 留长发的女性开车前应将头发扎起，以免被头发挡住视线。

- 女性驾车前一定要系好安全带，如果外套较厚或者容易起褶皱，可在驾车前先将外套脱掉。

- 身材娇小的女性驾车前应将座位调在适合自己的位置，切忌加坐垫增加座位高度，以免因坐垫松动发生意外。
- 尽量避免在车内放置或悬挂瓷质的、玻璃质的、金属质的饰物。
- 切忌戴尼龙手套开车。

三、车队自驾出游的注意事项

（一）行车编队

车队分工　超过两台以上的自驾游车队必须分工协作，遵守一定的行车秩序。开路车负责车队的行进方向、控制行进速度、观察路牌、发出转向和路况通知，驾驶者应经验丰富、方向感强、熟悉路况；压队车负责让车队保持完整、报告异常情况，一般也是由有经验的驾驶员驾驶；探路车主要负责在车队车辆数量较多或路况不明时，脱离车队到前方探路，一般会停在分岔路口，用车台通知车队，并闪灯示意转向，探路车驾驶员要技术娴熟、经验丰富；其他车辆为中路车，途中以跟随为主。

行车次序　除开路车和探路车之外，其他车辆均以前车为跟车目标，不超前车，如有需要换位的，必须事先沟通并且通知领队，在安全路况下超越。

分组编队　如果自驾游车队车辆多于5辆，出游前应根据车型和驾驶员的驾驶经验、驾驶习惯等分3~5车为一组，同时约定好途中集合、加油、休息的地点。

（二）停车注意事项

整队停车　车队成员需要加油、小憩、购物或遇到事故等情况下，开路车将指挥整个车队整队集合停车。

临时停车　若有停车或其他短暂性的需要，应及时通知车队。

待开路车作出停车指示时，按照行车次序停车，不可打乱行车次序。

紧急停车　车队中若有车辆遇突发情况需停车时，该车辆后面紧跟的那辆车应一起停车，问明原因并及时用车台通知车队，由车队作出决定，是否要停车等待（一般情况下车队不随意停车）。

警示灯　车辆临时停车时，必须打开双闪。

（三）车距保持

车队车辆之间要保持一定的安全距离，同时还应该相互提醒车距，可参考以下原则：

- 速度在 50km/h 以内时，与前车距离不超过 50m；
- 速度在 50～80km/h 时，与前车距离不超过 100m；
- 速度在 80～100km/h 时，与前车的距离保持在 150～200m；
- 速度为 100～120km/h 时，与前车的距离保持在 200m 左右；
- 如果车速超过 120km/h，则应该适当拉大距离。

新手在车队高速运行时，如果发现车队速度超过自己能力控制的范围，则应通过手台或车台告诉开路车放慢速度。

（四）车队的运行纪律和注意事项

行车纪律　一切行动要听指挥，步调一致才能保证安全，防止事故的发生。所有自驾游车队成员不能在行驶中随意并线或影响其他外来车辆的正常行驶；保持安全车距；遇突发事件，应立即上传汇报，不要逞能。

跟车注意事项　车队中车辆应按开路车的方向和信号行进，左右不要偏离队列 1/3 的车宽以上（特殊情况除外，但应及时返回队列），并将前、后车辆发出的灯光信号迅速传递；若发现车队内有异常状况（走错路、车速太快导致后车掉队、抛锚、驾驶员感觉疲劳或内急时），应视具体情况通知前车停止行进并停靠路边。

（五）灯光信号的使用和识别

车队自驾出游时，灯光是车与车之间传递信息和交流的工具。车队出行前应约定好一套自己的车灯指令，各队员出车前一定要牢记在心，准确领悟车用灯光表示的意思，使用灯光时也要严守规矩，便于正确处理紧急状况。

（六）车台的使用

- 如果不是每辆车都有车台，那么至少应该保证 3~4 辆配车台或手台的工作车穿插在车队中，开路车应及时通报路况，中路车和尾车也要向开路车及时通报车队的行驶状态。
- 车队行驶中，通过手台保持联络，切勿使用手台播放音乐或长时间按发射键聊天。
- 行驶途中若发现异常状况或有需要临时停车，应立即通过车台或手台通报。
- 当开路车发现压队车通信有杂音时，应立即降低速度，保证车队首尾呼应。

（七）带队车注意事项

若属小型车队的自驾游，车队里又没有自驾游经验丰富的老手，带头开路的车辆一定要注意以下事项：

- 选择中间车道运行，并控制车速，尽量保持匀速行进。
- 合理跟车，只有在具备良好路面条件和远方未出现反方向行驶的车辆时，方可在双向混合路面超车。
- 超车后，必须沿车道继续向前，待车队大部分通过后，再回到主车道。
- 提前发出减速信号，正确带队避让路障。
- 如果发现车队内有外来车辆需要驱赶，则在道路条件许可前提下，前车减速慢行。后车同时闪远光灯逼其离队超越，后方车辆立即提速填补空缺，同时前车加速紧跟前方车队。

四、异地罚单处理

自驾旅游者由于不熟悉异地的交通道路情况，加上长途旅行的疲惫，很容易成为目的地交警的"重点关注对象"。自驾车归来，还可能收到异地的交通违章罚单，或者在网上看到自己在异地的违章记录，这是一个无法回避的自驾游后遗症。异地违章主要有以下三种状况：

（一）异地现场处理

在外地驾车游玩的过程中，若因违章而被交警现场拦截并开具罚单时，旅游者必须在离开事发地之前尽快到指定银行或相关机构缴纳罚款，必要时可以修改旅游行程，不可掉以轻心。

尽量不将异地罚单带回家，因为很多省市之间还没有开通违章联网处理，离开事发地缴纳罚款比较烦琐，很可能还得到事发地去缴款。

（二）回家收到罚单

目前我国有个别城市出现了委托缴纳异地罚款的公司，一些由交管部门授权的公司代替交管部门收取异地的违章罚款。但根据《行政处罚法》的规定，接受此种委托的组织必须是管理公共事务的事业单位，因此这些委托公司目前还是非法的。

旅游者在家收到邮寄的罚单时，要看是否有"违法行为通知书"和"处罚判决书"两份材料。按照法律要求，"处罚判决书"由驾驶员签字后才能生效。所以委托普通商业组织代收罚款，没有按照异地邮寄罚单的合法程序要求缴纳罚款的，您有权联系有关部门进行投诉。

（三）网络查询罚单

随着网络技术的发展，全国违章信息联网势在必行。目前，广

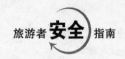
州、北京、上海等城市已经进行了交通违章信息联网，您只需输入车型和车牌号便可查询您在当地和异地的违章信息。因此，全国交通信息联网意味着驾驶员无论在全国任何地方交通违章，其违章信息都将传递到其驾驶证所属地的交管部门。

五、驾后车辆保养

自驾游归来别忘了给车做保养，游玩过程中的小磕碰若不及时修补，就很有可能会带来麻烦或安全隐患。回家后，应检查汽车底盘是否有碰撞、变形；制动系统是否严重磨损，清洁空调滤芯、清理夹带轴间是否有异物等。也可将车送到 4S 店或专业的汽车维修中心进行检测和保养。

第四章　旅游中特殊危险的应对与处理

第一节　自然灾害

一、地震

（一）认识地震

地震是地球内部介质局部发生急剧的破裂而产生震波，从而在一定范围内引起地面颤动的现象。地震以其发生突然、猝不及防、破坏惨烈而被认为是威胁人类生存与发展的最可怕的自然灾害之一。

我国目前的地震预测技术可以对某区域在未来 10 年、20 年甚至更长的时间内是否发生地震进行长期预测，但还无法进行短期地震和临震预报。人类虽然无法避免和控制地震，但只要掌握一些技巧，可以将地震造成的伤害降到最低。

（二）旅游者如何避震

1. **室内避震**

- 发生地震时旅游者要就近躲避，切忌慌张地向外跑动，碎玻璃、屋顶上的砖瓦、广告牌等掉下来都有可能将人砸伤，

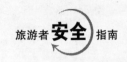

震后尽快撤离到安全的地方。

- 发生地震时可根据建筑物的布局和室内状况，审时度势，寻找安全的空间和通道进行躲避，可躲避在坚实的家具下或墙角处，亦可转移到承重墙较多、开间小的厨房、卫生间去暂避，注意避开墙体的薄弱部位，如门窗附近等。
- 无论是否找到较为安全藏身之地，都要用坐垫等物保护好头部。
- 在影剧院、电影院等娱乐场所遭遇地震时，应躲在排椅下。
- 在百货公司（商店）遇到地震时，应躲在就近的大柱子旁边（避开商品陈列橱），或者朝没有任何东西的通道奔去，屈身蹲下，等待地震平息。

2. 户外避震

当地震瞬间平息后，马上到户外选择合适地点避震。

- 就地选择开阔地蹲下或趴下，以免摔倒。
- 避开楼房、过街桥、立交桥、高烟囱、水塔等高大建筑物或构筑物。
- 避开变压器、电线杆、路灯、广告牌、吊车等危险物和悬挂物。
- 避开狭窄的街道、危旧房屋、危墙、女儿墙、高门脸，砖瓦、木料等物的堆放处。
- 注意用手或手提包等物保护好头部，不要随便返回室内。
- 避开山脚、陡崖以防山崩、滚石、泥石流等，避开陡峭的山坡、山崖以防地裂、滑坡等。

3. 公共场所避震

如果地震发生时旅游者正在商场、体育馆、街道等公共场所，应该注意：

其一，地震可能引起断电，此时旅游者应尽量保持冷静，不乱喊乱叫、乱挤乱拥，应迅速躲在坚固的柱子旁，就地蹲下或趴在桌椅下，避开吊灯、电扇等悬挂物，保护头部；等地震过后，听从工作人员指挥，有组织地撤离。其二，如果旅游者正在街上，地震时要躲开高大的建筑物，特别是有玻璃幕墙的高大建筑物，远离在建的建筑物、电线杆和围墙等，以手边有的东西保护头部，迅速逃离到空旷地带。

4. 行驶车辆的避震

- 发生地震时，司机必须紧握方向盘，尽快减速，逐步刹闸。
- 尽量避免在十字路口停车。应将车停在开阔地，远离陡崖、高大建筑物、高压线等。
- 乘客（特别在火车上）应牢牢抓住拉手、柱子或坐席等，并注意防止行李从行李架上掉下伤人，面朝行车方向的人要将胳膊靠在前坐席的椅垫上，护住面部，身体倾向通道，两手护住头部，背朝行车方向的人则要两手护住后脑部，并抬膝护腹，紧缩身体，做好防御姿势。
- 市中心多数道路将会全面禁止通行，因此司机和车上的旅游者一定要注意收听车载收音机的广播，附近有警察的话，要依照其指示行事。
- 为不致卷入火灾，司机和旅游者要把车窗关好，将车钥匙插在车上，不要锁车门，积极配合专业人员的安排。

5. 震后救助

地震后很可能有余震，而且余震的位置未必是离震源很近的位置。地震发生时，旅游者一定要尽量保持清醒的头脑和镇静自若的态度，利用常识和感觉来辨别震源的远近和地震的大小，以采取相应的策略。震源的远近、地震的大小都是较容易辨别的，比如近震常以上下颠簸开始，之后才左右摇摆，而远震却少有上下颠簸的感觉，而以左右摇摆为主，而且声脆且震动较小。一般小震和远震不

必惊慌外逃。

6. 震后自救

若在地震中被埋压，周围一片漆黑，只有极小的空间，被困者一定不要惊慌，要沉着并树立生存的信心，并千方百计保护自己，等待救援。

震后往往还有多次余震发生，处境可能继续恶化，被困者应保持呼吸畅通，挪开头部、胸部的杂物，闻到煤气、毒气时，用湿衣服等物捂住口鼻，尽量避开身体上方不结实的倒塌物和其他容易掉落的物体。

如果找不到脱离险境的通道，用石块敲击能发出声响的物体，向外发出呼救信号，不要哭喊以保存精力和体力，尽可能控制自己的情绪或闭目休息，等待救援人员的到来。

如果被埋在废墟下的时间比较长，救援人员未到或者未听到呼救信号，要想办法维持自己的生命，尽量寻找食品和饮用水。

7. 震后互救

震后，外界救灾队伍不可能立即赶到救灾现场，在这种情况下，为使更多被埋压在废墟下的人员获救，被困于灾区的旅游者应该和灾区群众积极合作进行互救。据有关资料显示，震后 20 分钟获救的救活率达 98% 以上，震后 1 小时获救的救活率为 63%，震后 2 小时还无法获救的人员中，窒息死亡人数占死亡人数的 58%。

- 在互救过程中，要有组织并讲究方法，先通过侦听、呼叫、询问及根据建筑物的结构特点，判断被埋人员的位置，特别是头部方位，在开挖施救中，最好用手一点点拨，不可用利器刨挖。
- 若被困者伤势严重，不得强拉硬拖，应设法包扎固定创伤部位或先进行急救。
- 在互救中，应尽量利用铲、铁杆等轻便工具和毛巾、被单、衬衣、木板等方便器材。

- 挖掘时要区分支撑物和压埋阻挡物，同时要保护支撑物、清除埋压物，保护被压埋者赖以生存的空间不遭覆压。

- 对暂时无力救出的伤员，要使废墟下面的空间保持通风，并递送食品，静等时机再进行营救。

- 为避免强余震带来的伤亡，要将处于危险地带的伤员立即转运到安全地带。

8. 震后护理

- 对饥渴、受伤、窒息较严重、埋压时间又较长的人员，被救出后要用深色布料蒙上眼睛，避免强光的刺激。

- 外伤的伤口应尽快清洗消毒，并注射破伤风抗生素，若伤口周围有肿胀或捻发感，应速到医疗点救治。

- 若受伤者有高烧、头痛、呕吐、腹泻、脖子发硬等症状，应在导游、司机、当地旅行社或者其他旅游者的帮助下尽快就诊。

二、海啸

（一）认识海啸

海啸是一种具有强大破坏力的海浪，水下地震、火山爆发或水下塌陷和滑坡等地壳活动都可能引起海啸。海啸在海洋中的传播速度每小时 500～1000 公里，而相邻两个浪头的距离也可能远达 500～650 公里，当海啸波进入陆棚后，深度变浅，波高增大，形成"水墙"。因此，一旦海啸到达岸边，"水墙"就会冲上陆地，对人的生命和财产造成严重威胁。

（二）海啸来临的征兆

- 海啸到达海岸前，海水会后撤，通常会比退潮时退得更远。

- 若是浅海，海啸来临前，海位有可能会下降到超过 800 米，甚至会在岸边留下一片深海死鱼，这些鱼有内部血管破裂、胃翻出、眼睛突出眼眶外等特征。
- 海啸的排浪非常整齐，浪头很高，像一堵墙一样，海啸到达前会还发出频率很低、且与通常波涛声完全不同的吼声。

以上都是海啸即将到来的征兆，在海边的旅游者遇到这些情况应尽快撤离。另外，地震可能引发海啸。因此，当感觉大地有较强的震动时，不要靠近海边、江河的入海口，要抓紧时间尽快远离海滨，登到高处。如果听到有关附近地震的报告，要做好预防海啸的准备。

（三）海啸逃生的注意事项

- 一旦发生海啸，身处低处的旅游者要尽量往高处跑。
- 海上船只听到海啸预警后应该避免返回港湾，以最快的速度往深海里开，开得越远危险就越小。如果船只没有时间开出海港，所有人都应尽快撤离停泊在海港里的船只。
- 旅游者面临海啸时，要牢牢抓住能够固定自己的东西以防被海浪卷走，等海浪退去后再向高处转移。由于海啸呈现的形式是一系列的水波，第一组浪墙过后，会有近 15 分钟至 1 小时以上时间的间隙，要抓住宝贵的时间逃生。
- 若不幸被海浪卷入海中，应尽可能保存身体能量，采取仰卧位，人尽量放松，努力使自己漂浮在海面，不要举手或挣扎。
- 海啸中的不幸落水者不可饮用海水解渴，海水不但不解渴，还会致人出现幻觉、神经失常甚至死亡。
- 落水者应尽可能地靠拢在一起，以便互相鼓励、互救，也易于被救援者发现。

（四）救后护理

- 长时间浸泡在海水里会使人体温下降，因此将落水者救出后应尽快将其放入40℃左右的温水中以迅速恢复体温，也可以给落水者喝热糖水，不要局部加热或按摩，更不能给落水者喝酒。

- 若溺水者呼吸停止，应先清除其口鼻内的杂物，人工呼吸与胸外心脏按压同时进行，不能只急于控水。

- 落水者若有其他创伤，应采取止血、包扎、固定等急救措施，伤重者须急送医院救治。

- 海啸中遇险的旅游者在被救后，大部分都会有认知影响、记忆损害、忧虑、自我效能较低、闯入性思维以及噩梦等症状，并伴有震惊、恐怖、易怒、无助感等情绪波动，因此海啸过后必须由专业人士对其进行心理疏导。

三、雪崩

雪崩灾害在一些偏远地方和旅游胜地几乎每年都有发生。目前许多山地旅游景点都在引进一些雪崩的预测手段，如配置长期监视雪情和天气的专业人员，以及能对雪情变化发出警报的传感器，还有能发射出小型炮弹的加农炮或者其他爆炸物，用以在情况变得危急之前引发雪崩，降低真正的大雪崩造成的危害。但是要对整个地区的雪情做出预测还是有一定的困难。

（一）认识雪崩

积雪山坡由于积雪内部的内聚力无法抗拒其所受到的重力拉引时，便会向下滑动，引起大量的雪体崩塌，这就是雪崩，也被叫做"雪塌方"、"雪流沙"或"推山雪"。

雪崩具有突发性强、运动速度快、破坏力大等特点。它能摧毁

大片森林，掩埋房舍、交通线路、通信设施和车辆，甚至能堵截河流，发生临时性涨水。同时，它还能引起山体滑坡、山崩和泥石流等自然灾害。

（二）雪崩发生的规律

大多数的雪崩都发生在冬天或者春天降雪量非常大的时候，尤其是暴风雪暴发前后。雪崩的严重性还取决于雪的体积、温度、山坡的走向和坡度。最严重的雪崩往往发生在倾斜度为 25°～50°的山坡。和洪水一样，雪崩也是可重复发生的现象，也就是说，如果在某地发生了雪崩，完全有可能不久后它会卷土重来。

（三）旅游者如何预防雪崩

在雪地旅行的人应注意以下几点：

- 切勿在大雪刚过或连续几场大雪后上山。因为新下的积雪很不牢固，稍有扰动就可能触发雪崩。因此，到积雪山区的旅游者切忌打枪、放音乐、高声吼叫等。

- 初春融雪时节，积雪很不稳固，易发生雪崩。喜欢高山探险的旅游者应尽量避免在此期间出游。另外，高山探险旅游者还应尽量避免在背风坡停留或活动。

- 雪崩通常是向下移动，在 1：5 的斜坡上即可能发生雪崩。如必须穿越斜坡地带，切勿单独行动，也不要挤在一起，应一个接一个地走，后一个出发的人应与前一人保持一段可观察到的安全距离。

- 雪崩发生时，事发区域的路上会有交通警示以说明前方的天气状况。旅游者一定要遵照交通指示，不要试图进入已封闭的道路。

（四）遭遇雪崩的急救措施

如果在雪地活动时不幸遇到雪崩，必须马上远离雪崩线路，同时采取以下急救措施：

- 遭遇雪崩时，应往旁边或者较高的地方跑，切忌往山下跑，这样很容易被冰雪覆压。
- 抛弃身上携带的背包、滑雪板、滑雪杖等笨重物件，便于行动。
- 除非位于雪崩区域的边缘，否则切勿用滑雪方式逃生。
- 如果在雪崩中被雪覆盖，要闭口屏息以免冰雪涌入咽喉和肺引发窒息，并应尽量抓紧山坡旁任何稳固的东西，等冰雪泻完时，便可脱险。
- 被雪掩埋的被困者要尽量保持冷静，让口水流出以判断上下方，然后奋力向上挖掘，注意要用双手挡住石头和冰块，并要设法爬上雪堆表面。

四、洪水

洪水是江河水量迅猛增加及水位急剧上涨的一种自然现象。洪水的形成往往受气候、下垫面等自然因素以及人类活动因素的影响。我国河流的主要洪水大都是暴雨洪水，多发生在夏、秋季节，南方一些地区春季也可能发生。如 1998 年的长江大洪水，1998 年的嫩江、松花江特大洪水等都是由暴雨形成的。

（一）认识暴雨洪水

由于暴雨而造成的山洪暴发、江河泛滥而大面积积水被称为暴雨洪水。它是洪涝的一种，暴雨洪水来势凶猛，常常冲毁堤坝、房屋、道路、桥梁，淹没土地、冲刷土壤等，还可能引起泥石流和山体滑坡，危害国计民生。

暴雨洪水有着明显的季节性，我国各地出现的时间基本上与气候雨带的南北推移相吻合，即华南地区多发生在 4～6 月和 8～9 月；江淮地区多发生在 6～7 月，北方地区多发生在 7～8 月。

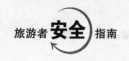

（二）如何预防暴雨洪水

- 根据当地电视、广播等媒体提供的洪水信息，结合自己所处的位置和条件，冷静地选择最佳线路撤离，避免出现"人未走水先到"的被动局面。
- 认清路标，明确撤离的线路和目的地，避免因为惊慌而走错路。
- 备足快餐食品或蒸煮食用几天的食品，准备足够的饮用水和日用品。
- 扎制木排、竹排，并搜集木盆、木材、大件泡沫塑料等适合漂浮的材料。洪水到来之前可用木盆、水桶等盛水工具贮备干净的饮用水。
- 将不便携带的贵重物品作防水捆扎后埋入地下或放到高处，票款、首饰等小件贵重物品可缝在衣服内随身携带。
- 保存好各种尚能使用的通信设施，以便与外界保持良好的联系。

（三）洪水灾害发生时的应对措施

雨季或暴雨后切勿涉足溪涧游玩，不在河道逗留休息。游玩中突遇大雨时，应迅速离开河道，往两岸的高地走。流水湍急且混浊可能是山洪暴发的先兆，旅游者应迅速远离河道。

洪水即将来临时，如果逃生时间较充裕，应按照预定线路，有组织地向山坡、高地等处转移；被洪水包围时，应尽可能利用船只、木排、门板、木床等做水上转移；来不及转移的人员，应迅速向附近山坡、高地、楼房、避洪台等地转移或立即爬上屋顶、楼房高层、大树、高墙等较高的地方暂避，等待援救。

若洪水继续上涨，暂避的地方难自保时，应充分利用准备好的救生器材逃生或者寻找门板、桌椅、木床、大块泡沫塑料等能漂浮的材料扎成筏逃生。

尽快设法与当地政府防汛部门取得联系，报告自己的方位和险情，积极寻求救援。切忌游泳逃生，不可攀爬带电的电线杆、铁塔，也不要爬到泥坯房的屋顶。

被卷入洪水的被困者要尽可能抓住固定的或能漂浮的东西，寻找机会逃生。如果离岸较远，周围又没有其他人或船舶，勿盲目游动。

不要惊慌，晃动衣服、树枝或大声呼救等吸引救援人员注意。

洪水过后，应服用预防流行病的药物，做好卫生防疫工作，避免发生传染病。

五、热带气旋

热带气旋是发生在热带或亚热带海洋上的气旋性旋涡，在北半球逆时针方向旋转，南半球顺时针方向旋转。愈靠近热带气旋中心，气压愈低，风力愈大。热带气旋的强度是按照其气旋中心的风力大小来确定的，世界气象组织根据强度大小规定了气旋名称和等级标准：中心附近最大平均风力 6 ~ 7 级（风速 10.8 ~ 17.1m/s）的称为热带低压；8 ~ 9 级（风速 17.2 ~ 24.4m/s）称为热带风暴；10 ~ 11 级（风速 24.5 ~ 32.6m/s）为强热带风暴；12 级（风速 32.6m/s）以上称为台风。由于热带低压的破坏力很小，下文提到的热带气旋均不包括热带低压。

世界上热带气旋活动最频繁、强度最大的地区主要集中在北太平洋西部的中国、日本沿海，印度洋和孟加拉湾以及加勒比海和墨西哥湾地区。据统计，每年平均有 6.9 个热带风暴、强热带风暴或台风在我国沿海登陆，最多的年份达 12 个，最少的也有 3 个。有些热带气旋尽管没有登陆，但仍会对沿海造成较大影响。登陆的热带气旋主要集中在 7、8、9 三个月，平均每月 1.9 ~ 2.1 个，其次是

6 月和 10 月，分别为 0.7 个和 0.6 个。从海南到辽宁，我国广阔的海岸线上均有热带气旋登陆，但以广东、海南和台湾等省受热带气旋影响的频率为最高。

（一）认识热带气旋

热带气旋形成于高温、高湿的热带洋面，其生命期一般在 1～2 周。当热带气旋登陆或北移到较高纬度的海域时，会很快消亡。热带气旋灾害是最严重的自然灾害，因其发生频率远高于地震灾害，故其累积损失也高于地震灾害。1991 年 4 月底在孟加拉国登陆的热带气旋曾经夺去 13.9 万人的生命。

我国是世界上受热带气旋危害最大的国家之一，近年来，因其而造成的年平均损失在百亿元人民币以上。

（二）如何预防热带气旋

其一，气象卫星可对热带气旋的影响、发生时间和范围做出比较准确的预报，因此，在热带气旋盛行的季节前往热带气旋影响地区出游的旅游者一定要关注天气预报，随时掌握目的地的天气情况。其二，常遭受热带气旋袭击的地区可能建有一些避难所，前往该地区旅游的旅游者要明确这些避难所的位置以及到达那里的线路。其三，如果旅游者在旅途中被告知要撤离，应马上向内陆方向转移。其四，当目的地公布热带气旋预警信号时，旅游者应尽快停止户外活动，切勿随意外出，尽可能待在防风、安全的地方。

（三）如何应对热带气旋

- 热带气旋来临时，应马上关好门窗，远离窗户和其他玻璃制品。
- 如果旅游者正在帐篷、篷车或其他活动房屋内，要迅速收拾装备离开。
- 利用房间或饭店内的设备制造临时避难所，如沉重的桌子或其他家具可以抵挡被风吹起的物品的袭击。

- 旅游者在驾驶途中听到热带气旋警报或看到大风、乌云和暴雨等征兆，应马上寻找避难处。因为大风刮倒的树木或吹落的树枝会砸到车辆，洪水也会给驾驶带来危险。

（四）热带气旋过后的注意事项

热带气旋过后，不要急于外出行动，一定要等当地政府宣布该地区安全后方可返回。因为一些建筑物经过热带气旋的洗礼已经摇摇欲坠，还可能会有倒下的电线杆和破裂的燃气管道等潜在隐患。

热带气旋过后，通信可能会受到影响，还可能一连几天断电。因此，手机一定要充好电，以便与朋友、亲人或救援组织联系。

六、火山

参观火山已成为一种流行的旅游活动。虽然一般来说这种旅行都很安全，但有时还是会有伤亡事故发生。如 2007 年 2 月 10 日，30 名来自加那利天体物理学院的研究人员在西班牙特内里费岛旅游时被困火山地道，经过紧张抢救，最终有 6 名旅游者遇难；2007 年 2 月 6 日，一位中国香港的女性旅游者在刚果（金）东部的尼拉贡戈火山旅游时失足掉入火山口，不幸身亡。

（一）认识火山

火山活动是剧烈的地壳变动。地球内部炙热的岩浆活动性很强，有时侵入岩层，有时猛烈地喷出地表，这些都是火山活动。

现代火山喷发一方面可造福于人类，为人类提供了沃土、空气、矿产、建材、能源和其他资源；另一方面又常给人类带来灾难和痛苦。火山喷发物，如火山灰、熔岩流、火山碎屑流以及与火山

喷发相伴生的火山泥石流、地震、海啸等均可造成巨大的灾害，甚至带来长期的灾害后果，引起全球性的气候变化，导致大区域性的灾荒。据统计，每年全球有 50～65 座火山喷发，对人类的生活构成了严重的威胁。

（二）游前的准备和预防

前往火山地区旅游的旅游者，应在出发前明确该地区最近一次火山爆发的时间，了解当地火山的情况以及当地政府对紧急事件的处理能力。如果要攀登火山或在离火山很近的地方住宿，应事先制订应急计划，以便在火山爆发时能迅速、安全地撤离。

如果到一个有火山活动的地区旅行，必须有一个紧急联系计划。告诉朋友或有关人士您要去的目的地，随时让他们了解您的最新消息；告知他们您出发和返回的时间，并且坚持既定线路，以防在紧急情况下别人不容易找到您。

参观活火山的旅游者要穿上长衣、长裤，结实的鞋子，并戴上泳镜或防毒面具。

（三）火山爆发时的应对

- 旅游者不要到地势低的地方或地下室寻求遮蔽，这些地方可能充满浓烟，甚至还可能被水流或是熔岩流淹没。
- 旅游者应掩嘴防止吸入灰烬或气体中的微粒。有哮喘等呼吸道疾病的旅游者要注意身体对火山爆发影响的反应，并迅速转移到安全的地方。
- 室内的旅游者应关上所有窗户和空调设备，一旦情况好转，应尽快转移到没有窗户的房间。
- 正在开车的旅游者要把车子停下、熄火，并尽快逃生。火山爆发过程中公路的能见度会大幅度降低，使得驾驶变得危险重重。

七、暴风雪

（一）认识暴风雪

突然袭来狂风并携带着吹雪或降雪的天气现象称为暴风雪。由于暴风雪天气极易发生路面结冰、冻伤、滑坠、被雪掩埋、迷路等安全事故，因此，暴风雪给旅游者出行、宿营等带来了极大的困难和危险。

（二）暴风雪来临前的准备要点

- 关注气象部门关于暴雪的最新预报和预警信息。
- 暴雪来临前要减少外出活动，躲避到安全的地方，并尽可能减少开车外出。
- 机场、高速公路、轮渡码头可能会停航或封闭，应及时取消或调整出行计划。
- 做好防寒保暖准备，储备足够的食物和水。
- 不待在不结实、不安全的建筑物内。

（三）旅游中遭遇暴风雪的应对

调整心态，适时休息 遭遇暴风雪时，旅游者由于恐惧、孤独、疲劳等原因易造成生理、心理素质下降，应适时休息。

保存体力，不要盲动 如果被困于车上，留在车中是最安全的选择，开动发动机提供热量，并注意开窗透气。如果被困于茫茫雪原或山野，应减去身上一切不必要的负重，在合适的地方挖个雪洞藏身保暖。

相互鼓励，保持"兴奋" 被困者在暴风雪中必须保持"兴奋状态"，此时团队精神特别重要，同行者应相互搀扶和激励，才更有希望获救。

八、泥石流

泥石流常暴发于山区的沟谷中，是由暴雨或冰雪融水等激发的含有大量泥沙和石块的特殊洪流。泥石流暴发时，浑浊的流体沿着陡峻的山沟奔腾咆哮而下，在很短的时间内将大量泥沙、石块冲出沟外，在宽阔的堆积区横冲直撞、漫流堆积，给人类生命财产造成重大危害。

（一）认识泥石流

我国泥石流主要是受大雨、暴雨尤其是特大暴雨集中激发而发生的，其时间规律与集中降雨时间规律相一致，一般发生在夏秋季节。四川、云南等西南地区降雨和泥石流多发生在 6~9 月，西北地区降雨和泥石流多发生在 7、8 两个月。

由于泥石流的发生受暴雨、洪水、地震等影响，因此，泥石流的活动周期与暴雨、洪水、地震的活动周期大体相一致。当暴雨、洪水两者的活动周期相叠加时，常常形成泥石流活动的一个高潮。

（二）旅游途中泥石流灾害的应对处理

- 旅游者出游前应对旅游途中及目的地的天气、水文和交通状况有大致的了解，尽量避免在峡谷河滩、山沟沟口、高山顶部和地质不稳定的坡地活动。
- 沿山谷徒步时，一旦遭遇大雨，要迅速转移到附近安全的高地，离山谷越远越好。
- 在山区旅行的旅游者应注意留心观察周围环境，如听到远处山谷传来打雷般的声响，则应迅速撤离，这很可能是泥石流将至的征兆。
- 选择平整的高地作为营地，尽可能避免在有滚石和大量堆积物的山坡下面、山谷或河沟底部扎营。

- 泥石流发生时，要马上爬向与泥石流流向呈垂直方向的两边山坡，爬得越高越好，切忌往泥石流的下游走，来不及奔跑时要就地抱住河岸上的树木。

第二节　人为事件

2001 年 9 月 11 日，恐怖分子发动了迄今为止破坏性最强的恐怖活动，造成曼哈顿世贸中心大约 3000 人死亡，给无数人带来心理和生理上的创伤，并引发了一场反恐怖主义的战争。恐怖分子具有一定的组织领导和分工体系，他们以暴力恐怖为手段，从事危害社会安全、破坏社会稳定、危害人类生命财产安全的恐怖活动，把目标瞄准普通民众，而不是国家本身。因此，恐怖主义的存在使全球安全成为一个大问题。恐怖活动席卷了许多旅游胜地，如西班牙、菲律宾、印度尼西亚、墨西哥、印度等都曾受过恐怖袭击。1997 年，埃及极端恐怖分子袭击了参观卢克索的旅游者，造成 58 人死亡。我国大部分地区治安良好，但部分边疆地区仍存在一些恐怖势力，不时会有扰乱国家稳定的人为事件发生。

一、暴乱

（一）认识暴乱事件

暴乱事件是有预谋、有组织的非法聚众而引发的一种群体行为。暴乱事件的策划者用蛊惑煽动或强力裹胁等手段非法聚众，通过群体行为来实现其罪恶目的。

暴乱事件是一种暴力行为，暴乱所要侵犯的是人权和暴乱所在

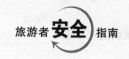

地的当政机构。暴乱事件的策划者和组织者认为只有使用暴力手段才能引起较大范围的注意和达到其目的。暴乱一旦发生，就会造成严重的社会影响，并直接危害人民生命财产的安全。

（二）暴乱事件的预防

出游前对旅游目的地作一个风险评估，并留意当地的新闻报道以了解目的地的政治和社会氛围，若确实存在危及旅行的因素，最好取消旅行计划。

旅游者到达旅游目的地后，应尽量避免参与当地的政治性活动，如果当地有可能发生游行示威等事件，要尽快弄清楚游行示威的具体地点，并避免到这些地方去游玩。

留意目的地的政治纪念日，并尽量避开这些日子到目的地旅游。因为政治纪念日通常与宗教、著名人物的死亡或某次重要政治性事件有关。

（三）暴乱事件的应对

* 如果发现自己正处于某暴力示威的区域，立即另寻途径回到住所。

* 安全人员清理街道时，往往会把暴乱分子和无辜卷入的旅游者同等对待。如 2001 年 5 月伦敦反资本主义的游行中，许多旅游者在牛津附近被警察包围。因此，遭遇此类事件时，旅游者应尽量离开事发区域。

* 如果不巧遇到暴乱游行，尽量避到人群外围，并寻找机会尽快跑到附近的商店、餐馆或饭店，等游行队伍过去再返回自己的住所。

* 若被恐怖分子要挟，先按照其要求去做，以免惹来杀身之祸。保持警惕，不要设法逃跑。在思想、感情上要有经受长时间磨难的准备。

* 游行示威后有可能紧接着会发生一些犯罪活动，如抢劫和

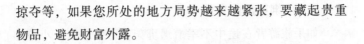

掠夺等，如果您所处的地方局势越来越紧张，要藏起贵重物品，避免财富外露。

二、绑架

绑架也叫劫持，指对被害人非法实行暴力手段加以挟持，以达到敲诈、勒索或其他目的的一种犯罪行为。恐怖组织经常使用这种手段向当局进行政治要挟或要求释放被拘禁的组织成员。如1995年7月，6名徒步旅行的旅游者在克什米尔的喜马拉雅地区被劫持，最终1名旅游者被杀。车臣也经常会发生类似的绑架案。

哥伦比亚被称为"世界绑架之都"，每年有2000多人被绑架、勒索，是当地仅次于毒品交易的第二大收入来源。在一些国家，西方旅游者由于能从保险公司获得赔偿而成为绑架的对象。2000年，保险公司为绑架勒索事件支付了大约3.5亿美元，另外，医疗费用、国内法律费用、咨询费用等几乎和勒索的金额一样高。

（一）旅途中的自我保护

旅游者要防止自己在旅行中被绑架，应该注意以下事项：

- 不随意泄露自己的行程计划、目的地、房间号、电话号码等个人信息。
- 夜间行路时，应注意是否有人尾随，一旦发现被人跟踪，应前往灯光明亮处或人群聚集处，并寻找机会报警，夜晚尽量不单独外出活动。
- 旅行在外不刻意外露钱财，衣着简单，不穿戴名牌服饰、手表、挎包等，尽量将贵重物品留在客房保险柜或者交给饭店保护，不在陌生人面前掏钱包、信用卡等。
- 夜间应关好客房所有门窗，切忌开窗睡觉。

（二）绑架后的自救

如果旅游者在途中不幸遭遇绑架，可采取以下小策略以化险为夷。

- 被绑架时尽量保持冷静，服从绑架者的命令，不要激怒绑架者，以免遭受其暴力对待。
- 和绑架者谈话时要保持礼貌，过度反抗或者情绪化会激怒绑架者，只要与绑架者合作，大多数人质最后都会被安全释放。
- 观察绑架者的行动、嗜好以及心理特征，从而判断绑架者的性格和心理，投其所好以增加自己存活的可能性。并尽量弄清楚他们的行动及计划等，寻找合适的机会逃脱。
- 不要泄露任何可能给自己带来麻烦的信息，尽量不要透露住址等个人资料，以免给家人带来危险。
- 一旦确定有机会逃脱，要全力以赴。
- 听到激烈的交火声表明有营救行动，这时被绑架者应趴在地上，防止被误伤，万不得已时才可起身逃跑。
- 被释放的人质身心受损，自信心受挫，无法忘记曾经的痛苦经历，接受心理咨询和心理治疗是非常有必要的。

三、大规模杀伤性武器

大规模杀伤性武器（weapons of mass destruction），指用来大规模屠杀的武器。恐怖组织一直都在寻找大规模杀伤性武器，一些组织已经在试图自己制造这种武器。1995 年，日本邪教组织奥姆真理教在东京地铁制造了一系列袭击事件，通过释放沙林毒气，造成了12 人死亡、近 1000 人受伤。

（一）化学武器

虽然化学武器在制造大范围的伤亡方面效率不是很高，但由于化学药品很容易得到，所以，化学武器受到了恐怖组织的青睐。美国基地组织成员就曾经试图使用喷洒农药的飞机来投放化学武器。如果旅游者在旅途中受到化学武器威胁或发现喷洒农药的飞机在城市低飞，应尽快走入室内，最好待在较高的楼层，因为大多数化学武器的烟雾比空气重，最终会沉淀到地面。进入室内后要关上门窗和空调系统，堵住所有门和地面之间的缝隙，待在室内直到当局采取行动。

乘坐公共交通工具时，不要接近可疑的包裹；对行动可疑的、穿着保护性衣服或戴着面罩的人也要提高警惕。

（二）生物武器

2001 年 10 月，恐怖分子通过邮件或包裹在美国传播炭疽病毒，上百万人突然面临生物武器的威胁。炭疽杆菌不能在人与人之间传播，因此，恐怖分子既可以用该病毒准确地打击目标又不用担心会危及自己人。炭疽病毒通过接触、呼吸或饮食传染，呼吸引起的肺部炭疽病非常致命。这种病在 7 天内会表现出症状，最初症状接近流感，几天之内病情会发展为呼吸困难和休克，患者会感到胃疼、恶心、呕吐、没胃口和发烧，甚至还会吐血或严重腹泻，紧接着就会死亡。

如果您在旅游期间收到来历不明的包裹和邮件，一定要先确认其来历后再接触。如果您在旅游期间出现上述某些症状，应立即前往最近的医院进行抗生素治疗。只要及时采取措施，就有可能完全康复。

（三）核武器

恐怖组织使用核武器的可能性非常小，但一些著名的恐怖组织已经开始着手寻找核武器。英国皇家特种航空部队军官尼克·咔麦

垄指出，恐怖组织一旦找到合适的核武器，一定会第一时间派上用场，他还根据自己多年的特工经验指出，恐怖分子更有可能会使用杀伤力不是特别大的"脏弹"，这是一种外部包裹着放射性物质的炸弹，能把放射性元素散布到广阔的区域内。如果旅游者正处于某个有该类事故发生的城市，应尽快转移到上风向的地方，以减少核辐射的危险。

第三节　传染疾病

2003 年 4 月，1 名到中国香港旅游的加拿大旅游者回国 3 天后出现发热、咳嗽，1 周后被确诊为严重急性呼吸综合征（SARS）感染，并传染了与其接触的亲友和医务人员；同年同月，1 名山西旅游者在去广州旅游期间感染 SARS 病毒并将病毒带回华北地区，在山西及北京各大医院就诊期间，大范围地传染了与其接触的各类人群，最终导致了 SARS 在华北地区的爆发及流行。

传染病与旅游有着密不可分的关系。一方面，日益蓬勃发展的全球化旅游业成为传染病传播的桥梁，使传染病的传播速度加快、传播形式更多样、传播范围更广；另一方面，传染病对旅游业造成了巨大危害，甚至是毁灭性的打击。从旅游者角度来讲，始终存在着传染病原携带者和急、慢性感染病罹患者，他们是多种新、老传染病播散的传染源和促进疫区扩大的根源之一，也是传染病的直接受害者。因此，了解传染病的相关知识对于旅游者，尤其是出境旅游的旅游者来说是非常重要的。

从传染媒介来看，饮食、性行为和昆虫叮咬是旅游传染病的三大传播途径，本节将就几种较常见的旅游传染病及与其相关的预防和处理措施进行简单的介绍。

一、流感

（一）认识流感

流行性感冒（influenza）是由流感病毒引起的急性呼吸道感染，也是一种传染性强、传播速度快的疾病。主要通过空气中的飞沫、人与人、人与被污染物品的接触来传播。典型的临床症状是：急起高热、全身疼痛、乏力和轻度呼吸道症状。由于流感都具有一定的潜伏期，因此在感染初期不易被发现或感知。流感可加重潜在的疾病（如心肺疾患）或者引起继发细菌性肺炎或原发流感病毒性肺炎，老年人以及患有各种慢性病或者体质虚弱者患流感后容易出现严重的并发症，死亡率较高。秋冬季节为流感的高发期。

（二）旅游者如何预防流感

- 尽量减少与流感样症状（发热、咳嗽、流鼻涕等）或有呼吸道疾病的人接触。
- 不到流感疫区旅行。
- 在公共场所注意要带口罩、勤洗手、吃熟食，并减少与动物的接触，避免前往人群拥挤、空气污浊的场所游玩；在展览馆等室内环境参观时，要注意开窗通风情况。
- 如果在旅游过程中感觉自己有感冒发热等症状，应立即中止旅游，及时就医，如果发现其他旅游者有流感症状也要及时提醒其就医，并减少与其接触。
- 尽量取消到动物园或者森林等有较多动物的地方旅行，若必须参加，要做好消毒与防护工作。参观动物时不接触生病的动物及其排泄物、分泌物等；接触动物后要马上进行手部清洁和消毒。

- 在流感高发季节出游的旅游者要注意保暖、室内通风，注意饮食卫生，尽量食用熟食、不饮生水；若是出境游，出发前应了解目的地主要传染病流行情况，掌握预防措施，必要时应在出发前接种相关疫苗。
- 在宴会厅、歌舞厅等公共娱乐场所活动时，选用一次性消毒巾或消毒湿巾来擦嘴、拭面。
- 从流感疫区归来的旅游者在 1 周之内尽量减少到公共场所的次数及与他人的接触机会，潜伏期过后再恢复日常的工作和生活。

（三）流感的控制与治疗

- 患流感的旅游者应尽快告知导游或其他同伴，并尽快到医院治疗，病情较重时应要求隔离，以免引起传染。
- 一名旅游者被确诊患流感时，同行的旅游者也该尽快到医院检查，老人和小孩更应如此。
- 患流感的旅游者应卧床休息、多饮水，选择流质饮食、适度补充营养和维生素，进食后以温开水或温盐水漱口，保持口鼻清洁，全身症状明显时应作抗感染治疗。
- 室内经常洒水、开窗通风、洗晒被褥，并利用日光、醋熏等方法消毒以减少病毒传染。
- 感冒成药能使症状暂时缓解，让患者误以为复原，从而提前恢复日常活动，这将引起感冒复发或严重的并发症。因此，患流感的旅游者一定要到医院就诊治疗，不可盲目服药。
- 喉咙痛痒常伴随流行性感冒而来，用盐水漱口能减轻喉咙不适，并将聚积的分泌物冲掉。
- 有发烧症状的患者应增加液体的补充，以免引起虚脱。当患者太虚弱而无法进食时，可饮用淡汤、果菜汁、甜菜汁或胡萝卜汁等来补充身体所需的液体和维生素。

- 被隔离的患者应遵守隔离区的安全卫生规定，积极配合医生及相关护理人员进行治疗，使自己尽早康复。

二、霍乱

（一）认识霍乱

霍乱是由霍乱弧菌引起的急性、烈性肠道传染病，多数患者是通过食用被污染的水或食物而被传染的。病发高峰期为夏季，其特点为发病急、传播快，患者主要临床症状为呕吐、腹泻，重症者还会因为体液大量消耗而造成脱水、周围循环衰竭、电解质紊乱以及低钾综合征等。倘若抢救不及时，在几个小时内可因休克、酸中毒或肾功能衰竭而死亡。霍乱是我国法定的甲级烈性传染病，要求在发现确诊或疑似病例后 12 小时内上报。

虽然控制和预防霍乱的知识已经得到一定的普及，但霍乱仍是令人恐惧的疾病。世界卫生组织认为，霍乱虽然威胁生命，但较容易预防和治疗，因此，旅游者对霍乱无须惊慌失措，只要掌握一些预防方法和知识，就可以放心出游。

（二）霍乱的预防

世界卫生组织希望并强调旅游者无须因害怕霍乱而放弃旅游，只需注意以下简单方法就可以避免传染霍乱。

- 不饮用生水，饮用开水或用氯（或碘）消毒过的水，消毒饮水用的药物通常在药房可买到。一些饮料如热咖啡、酒、啤酒以及瓶装或袋装果汁也都可安全饮用。
- 不吃冰制品，除非能确定这些冰制品是由安全的水制成的。
- 食用熟食，并且要趁热吃。
- 不食用生的、半生的海产品或其他生冷食品，亲自去皮或

剥壳的水果除外。

- 如果目的地有霍乱流行史，出游前最好向医生说明情况，医生会给您注射疫苗，但像大多数疫苗一样，霍乱疫苗也无法保证百分之百不被传染。

- 旅游者若有腹泻，应马上到医院就诊。

（三）霍乱的治疗

霍乱的感染性很强，一旦发现感染霍乱都应隔离治疗，否则就违反《中华人民共和国传染病防治法》，另外病人和带菌者要配合预防控制中心的治疗与护理人员的工作，做好流行病学调查、密切接触者的采样、家里疫点的消除等。当霍乱症状消失，停服抗菌药物后，连续两天的粪便培养未检出霍乱弧菌者才可解除隔离。

- 重型患者应绝对卧床休息至症状好转。

- 剧烈泻吐者应暂停饮食，待呕吐停止，腹泻缓解后给予流质饮食，在患者可承受的情况下缓慢增加饮食。

- 水分的补充是霍乱的基础治疗，轻型患者可口服补液，重型患者需静脉输入补液，待症状好转后改为口服补液。

- 频繁呕吐者可用阿托品；剧烈腹泻者可酌情使用肾上腺皮质激素；肌肉痉挛者可静脉缓注 10% 葡萄糖酸钙，并热敷、按摩；周围循环衰竭者在大量补液纠正酸中毒后，血压仍不回升的，可用间羟胺或多巴胺药物；尿毒症者应严格控制体入量，禁止蛋白质饮食，加强口腔及皮肤护理，必要时应协助医生做透析治疗。

三、莱姆病

莱姆病（Lyme disease）是由伯氏疏螺旋体引起，由蜱（俗称草爬子）为传播媒介的人畜共患的自然疫源性疾病，是一种对人类危害相当严重的传染病。临床上表现为皮肤、神经、关节和心脏等多脏器、多系统受损。1975 年美国东北部康涅狄格州的莱姆（Lyme）镇发生此病，1980 年被命名为莱姆病，并确定其发病与硬蜱叮咬有关。我国自从 1985 年在黑龙江省首次发现莱姆病疑诊病例以来，全国各地相继出现此病的病例报告。近年来的调查表明，我国存在着较广泛的莱姆病自然疫源地。

（一）认识莱姆病

莱姆病的两大流行区是美国和欧洲各国，在我国的分布也相当广泛，13 个省（市、区）有分布和流行。在东北林区患病率为 1% ~4%，四川省某些林区患病率达 9%。我国的长白山、天山、祁连山、六盘山、太行山、武夷山等均有莱姆病的疫源地。据专家介绍，气象、地理等自然因素对莱姆病的发生和传播均有着非常明显的影响，其传播媒介蜱即随着一年四季气候的变化而呈现明显的季节消长。莱姆病多发在夏春季节，4 月份开始出现，5 月份明显增多，6 月份达到患病高峰，其威胁一直持续到 10 月份。因此，莱姆病的发生和流行具有地方性和季节性，各年龄段的人都可能感染，其中以男性居多。医学专家表示，由于其活跃期正是旅游旺季，外出旅游，尤其是到森林、草原、乡村等郊外旅游的旅游者，一定要提防莱姆病的传染。

（二）旅游者如何预防莱姆病

对旅游者来讲，莱姆病的预防要做好个人防护和灭蜱两方面的工作。

- 进入林区、草地旅游时，旅游者应穿长袖衣服和长裤，着长袜和高统鞋，将袖口、裤口扎紧，尽量快走而不作停留，不要坐在或躺在林区的草地上休息，也不要把衣服放在草地上。

- 夏令营尽量不要选在林区、草原等地方，必要时应睡高铺，切莫直接睡在草地上；搞好周围的环境卫生，清除杂草和枯叶，最好喷洒杀虫剂。
- 旅游归来后要立即洗澡、换衣服、清洗衣物。还应全面检查衣服和体表，若发现蜱叮咬肌体，可轻轻摇动使其自然脱落或轻轻拔出，叮咬处的伤口用碘酒和酒精消毒。
- 蜱叮咬肌体的时间越长，传播病原体的可能性就越大。若叮咬时间短于24小时，一般不会感染。因此，及时发现叮吸人血的蜱并尽早将其拔除是预防和减少莱姆病发生的最有效的办法。
- 旅游者进入林区、草原旅游之前，亦可用驱虫剂涂在衣服或皮肤上，防止蜱叮咬。
- 在郊外旅游后，应仔细检查周身皮肤，若发现身体有被蜱叮咬的伤或红斑，应尽快到医院诊治。
- 如旅游者在旅游期间发现周围有蜱，可用驱蜱灵杀虫剂喷洒灭蜱。

（三）莱姆病的治疗

- 轻度患者服用口服抗生素治疗就可使典型的游走性红斑迅速消失，还可以防止后期的主要并发症（心肌炎、脑膜炎或复发性关节炎）出现。
- 患者应卧床休息，并注意补充足够的液体。
- 发热或皮损部位有疼痛感的患者可适当服用解热止痛剂。
- 高热及全身症状重者，可注射糖皮质激素，但对有关节损伤者，应避免关节腔内注射。
- 患者若伴有心肌炎，出现完全性房室传导阻滞时，可暂时用起搏器至症状及心律改善。

四、疟疾

（一）认识疟疾

疟疾是疟原虫引起的传染病，主要由蚊子传播，临床上以阵发性寒战、高热、出汗和脾肿、贫血为特征。如不及时治疗或治疗不当，可危及生命。据世界卫生组织报告，目前全球有疟疾疫情的国家约 200 个，其中疟区约达 100 个，以间日疟和恶性疟流行者居多，约占这些国家的 3/4，其中有抗氯喹恶性疟者又占有恶性疟国家的 1/4，旅游者应高度重视。这些疟区以非洲最为严重。亚洲的疟疾趋势集中在东南亚的一些国家以及少数中东国家。而抗氯喹的恶性疟区多与我国接壤或地域关系密切，如缅甸、印度、孟加拉国、斯里兰卡、印度尼西亚、马来西亚、菲律宾、泰国、越南、老挝和柬埔寨等国家。

目前，海南的山林区、云南的热带雨林及其边境地区是我国疟疾流行的主要地区。来往这些疟疾流行区的旅游者，应采取相应的防疟措施。

（二）旅游者如何预防疟疾

- 若目的地曾有疟疾流行史，旅游者在出发前应该制定好自己的旅行线路，尽量不到危险性较大的景区游览，或提前制定一系列的防疟措施。
- 旅游期间应通过擦风油精、花露水等防止蚊虫叮咬，减少与蚊虫的接触。
- 出发前也可以征求医生的建议，注射相应疫苗或服用预防药物。
- 如果必须到疫区旅游，抵达后应立即采取防蚊灭蚊措施，如房间可用蚊香、蚊帐（最好浸泡过杀虫剂）、纱窗等，房

间与隔离地带应喷洒杀虫剂。

- 旅游者夜间外出时，要着长袖衫及长裤，每3~4小时在外露的皮肤涂上含 DEET 的驱蚊水，防止皮肤外露处被蚊虫叮咬；尽量避免输血，必要时应服药预防输血感染。

（三）疟疾的治疗

疟疾的预防服药必须按时、适量、坚持服用。某些抗疟药过量服用可能会中毒甚至致死。抗疟药应放在儿童不能触及的地方。

疟疾的主要症状为发热、头痛、肌痛、关节痛、寒战、出汗，其他症状包括厌食、恶心、呕吐、腹痛和腹泻。到疫区旅游的旅游者要关注自己的反应，如果有上述症状，应尽快就医。

当旅行者出现发热症状且无处及时就医时应服用自备抗疟药进行备用治疗，之后尽早去医院核实诊断，以确定是否应作进一步治疗。

五、登革热

登革热是一种由登革热病毒引起的热带急性传染病，通常在雨季或雨季即将结束时出现，广泛流行于热带和亚热带地区，尤其是东南亚、西太平洋和美洲加勒比海地区，影响到全球100多个国家的人类健康，是分布最广、发病最多、危害较大的一种虫媒病毒性疾病。

登革热在东南亚和西太平洋地区的流行形势非常严峻。2005年，泰国、越南和新加坡报告病例数分别达到3.2万、4.9万和1.4万。2006年印度和缅甸发生大规模的登革热疫情。随着我国旅游者到这些国家的旅游活动日益频繁，登革病毒输入中国的风险也日益加大。监测资料显示，2006年全年都有输入性病例，主要来自东南亚国家。因此，到东南亚、西太平洋和美洲加勒比海等热带和亚热

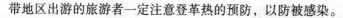

带地区出游的旅游者一定注意登革热的预防，以防被感染。

（一）认识登革热

登革热是一种由登革热病毒引起、经伊蚊传播的急性传染病。以高热、剧烈头痛、肌痛、关节痛、皮疹、淋巴结肿大、白细胞减少等为特征。主要流行于热带和亚热带地区，发病率高，传播迅速，具有大规模流行的特性。近年来随着全球气候变暖及旅游事业发展，流行范围逐渐扩大，流行频率不断上升，已成为世界上分布较广、发病患者数最多、危害较大的虫媒病毒病。

登革热有明显的季节性，多发生于气温高、雨量多的季节。一般从5月开始流行，8、9月达高峰，11月停止，但各地区稍有不同，如广东为5～10月，海南省为3～11月。

（二）如何预防登革热

1. 预防蚊虫叮咬

到登革热流行区旅游或生活，应穿着长袖衫及长裤，并于外露的皮肤及衣服上涂上驱蚊虫药物；若房间无空调设备，应装备蚊帐或防蚊网，并使用家用杀虫剂灭蚊；避免在花斑蚊出没频繁的时段在树荫、草丛、凉亭等处逗留。

2. 加强保暖和饮水

夏秋之间，旅游者应注意保暖、多饮水，做到早发现，早诊断，早隔离，早治疗，个人或家庭、邻居有疑似病人应及时到正规医院就诊。

3. 游后检查

无论在登革热流行地区长期居住还是短期停留，都有可能被携带登革热病毒的蚊虫叮咬而患登革热。因此，出游回来后，如果曾在旅途中被蚊虫叮咬，应尽快与疾病预防控制机构或医疗机构联系，进行有关检查。

（三）登革热治疗

登革热的潜伏期为 5~10 天，症状有发烧、严重头痛、肌肉及关节痛，部分病人会出现皮疹、白细胞减少，绝大多数患者发病数天后可逐渐恢复。但如果患上登革出血热，则可能引发出血、休克，甚至死亡。

- 患者应卧床休息，给予流质或半流质饮食，在有防蚊设备的病室中隔离至完全退热为止。
- 患者有发热症状时，应物理降温，慎用止痛退热药以防止在 G-6PD 缺乏者中引起溶血；对于毒血症状严重的患者可短期使用小剂量糖皮质激素。
- 有大量出汗、呕吐、腹泻而致脱水者，应及时补液。尽可能使用口服补液，不宜大量补液以防止转变为脑炎型的。
- 有出血倾向者可采用安络血、止血敏、维生素 C 等一般止血药物，严重上消化道出血者可口服凝血酶、雷尼替丁等。
- 脑炎型病例应及时注射甘露醇等脱水剂，每 6 小时一次；同时静脉注射地塞米松。也可静脉滴注低分子右旋糖酐及速尿，与甘露醇交替使用。呼吸中枢受抑制者应使用人工呼吸机。

第五章　特种旅游项目安全须知

　　特种旅游是指为满足旅游者某方面的特殊兴趣与需要，定向开发组织的一种专题旅游活动。特种旅游是在观光旅游和度假旅游等常规旅游基础上的提高，是对传统常规旅游形式的一种发展和深化，是一种更高形式的特色旅游产品。

　　参与特种旅游活动的旅游者一般为具有冒险精神和能忍受艰苦条件以及体魄强健的中青年，他们比较注重旅游项目的自主性、个性化和参与性，他们向往自然，热爱自然，有较强的环保意识。

　　特种旅游产品的自然环境和文化环境具有浓烈的原生性，受工业化影响程度比较低，旅行经过的地区通常是边（边疆）、古（有悠久文明史）、荒（沙漠等人迹罕至之处）、奇（有奇特的地形、地貌特征）、险（高山、峻岭、险地、恶水）、少（少数民族聚居地）地区。

　　由于特种旅游本身的特殊性和目前市场、政策等方面的不完善，特种旅游比常规旅游面临的安全风险要大得多，需要旅游者引起更多的重视。

第一节　涉水旅游安全

一、滨海旅游

- 不在酒后游泳，事先了解水域情况。

- 游泳时，应在导游引导下到指定水域内参加集体游泳活动，不可独自下水或到非游泳水域游泳。

- 乘游船或快艇时，要选择有水上经营资质的船舶公司，乘快艇时要穿好救生衣，并尽量购买水上意外保险。

- 选择到正规经营的餐馆食用海鲜，并以少量品尝为宜，切不可暴饮暴食，尤其要少饮啤酒，以防胃肠不适。

- 涂抹防晒霜以避免阳光将皮肤晒伤；游泳后马上以清水沐浴、彻底清洁皮肤，并用毛巾擦干身体。

- 皮肤有感染或伤口时切勿游泳或慎选游泳池，避免到温水游泳池及太拥挤的游泳池，不要赤脚接触更衣室、盥洗室的地板。

- 急性扭伤、擦伤和抽筋是常见的水上意外，为了避免意外的发生，跳水时要注意安全，水深至少要达到 3.74 米，游泳前做些热身运动可减少急性扭伤、擦伤和抽筋的发生概率。

- 海边泳池内的消毒水对人的眼睛有刺激，一些人会出现红眼病，一般可在数小时内复原，对视力也几乎没有什么影响。

- 喜欢在海边沙晒或是堆沙堡的人要特别注意，沙滩上常见的猫狗钩虫的幼虫会透过脚底、臀部及生殖器等部位进入人体，造成"移行性幼虫疹"。移行性幼虫进入皮肤后，会出现红色细长而弯曲的线状疹子，若出现此类问题，要尽快就医。

- 旅游者应避免到水母群聚的海域游泳，台风或大风雨过后也应避免到海边游泳，潜水者要穿上长袖长裤的潜水衣。如果被水母蜇伤，应马上以海水、食用醋或稀释的冰醋酸冲洗，千万不要以清水或酒精来处理。若被海胆钙化的刺扎到皮肤，会引起剧痛、局部红肿，若未适当处理，可能在两三个月后产生肉芽肿，因此必须尽量小心地将刺拔除，并就医治疗。

二、漂流

（一）漂流的起源与现状

漂流是人类一种原始的涉水方式，起源于爱斯基摩人的皮船和我国的竹木筏。漂流在第二次世界大战后逐渐发展成为一项户外运动，一些喜欢户外活动的人尝试着把退役的充气橡皮艇作为漂流工具。现在，漂流以其特有的运动形式成为现代人们融入自然、挑战自然的一种运动。激流皮划艇、障碍回旋、激流马拉松、皮艇球等项目应运而生，并得到了追求时尚、热衷户外运动的年轻人的喜爱。

我国，漂流运动 20 世纪 50 年代才开始起步，虽然我国可供开发漂流的河流丰富，但大多数的水上漂流活动还停留在小范围的对自然河段的利用上，真正开发出来的商业性河流资源还比较少。国内一些著名的江河中已逐渐开始开展皮划艇、橡皮艇等水上项目。

根据体育总局经济司组织制定并于 2005 年 6 月 1 日起实施的《体育场所开放条件与技术要求》（GB 19079）系列国家强制性标准的第 11 部分，漂流运动（rafting）的定义是指使用艇（筏）式等漂浮物，以水流动力为主，在有一定的落差和流速的水域进行的活动。漂流主要分为一般景点内漂流和探险性漂流两类，现在国内较为多见的景点内漂流主要是竹筏漂流、橡皮筏漂流。

一些特殊的漂流形式也不断出现，如黄河陕西、甘肃段羊皮筏漂流和浙江天目溪近日推出的龙舟漂流等。探险性漂流的要求较高，探险漂流者不仅要是一个出色的舵手，能在重重的旋涡中穿梭自如，而且还要学习如何选择宿营地，如何寻找食物等野外生存技巧。

与其他旅游项目相比，漂流旅游危险性较大，如 2004 年 9 月 20 日，伊犁某漂流有限责任公司组织 16 名旅游爱好者乘坐橡皮筏在昭苏县阿克牙孜河上漂流，橡皮筏漂出 3 公里即发生意外，致使筏上 16 人全部落水，最终造成了 8 死 2 失踪的惨剧；2007 年 8 月 26 日，一中美漂流探险队在云南南盘江遇险，最终 2 人失踪，1 人遇难。类似的惨剧几乎每年都有发生。

（二）漂流前的准备

1. 选择合适的时间

适合漂流时间为每年的 4～10 月，旅游者应尽量在当地气温不高的情况下去漂流；须及时了解漂流水域的情况，一旦发生洪水、塌方、河道堵塞等，应立即取消活动；关注地方旅游行政管理部门关于漂流旅游的码头设施和接待设施以及漂流旅游企业的漂流工具检查的报告等。

2. 个人装备齐全

漂流难免会弄湿衣物，旅游者应多带一套衣服，方便上岸后更换；不要穿皮鞋，最好穿平底拖鞋、塑料凉鞋或者旅游鞋；要注意防寒、防晒，漂流时不宜穿着名贵的服装鞋帽；手机、相机、摄像机、证件和现金等贵重物品不宜带，防止进水损坏。

3. 遵守工作人员的要求

上船后先仔细阅读漂流须知，听从工作人员的安排，穿好救生衣，找到安全绳；按照工作人员的指示操作，不擅自离岸。

4. 不宜参加漂流者

精神病、心脏病、高血压、痴呆病等病症患者以及孕妇、老人、小孩和残障人士等不宜参加漂流旅游。

（三）漂流的注意事项

漂流是一项旅游者与自然环境相交融的自助旅游活动，了解并遵循漂流过程中应注意的相关安全事项是非常必要的。

1. 不做危险动作

漂流时，旅游者不得自作主张随便下船、不互相打闹、不主动去抓水中的漂浮物和岸边的草木石头，以免漂流筏翻倾。一旦翻船，旅游者不必紧张，因为有救生衣在身，只要憋住气，保证自己不要呛水即可。

2. 注意沿途箭头和标志

漂流过程中要注意沿途的箭头及标志，并根据其指示找主水道及提早警觉跌水区。

3. 积极面对挑战

艇被卡时，旅游者应先稳住艇身，找好落脚点后再站起身；当误入其他水道被卡或搁浅时，旅游者应站起下艇，等艇进入水位较深处时再上艇。

（四）漂流中紧急状况的应对

1. 漂过急流

漂过急流是漂流中最有趣、最刺激的形式，但带有一定的危险性，应注意以下几点：其一，平静面对急流，避开前面的岩石，身体向后稍斜靠，用桨把握好方向；其二，在大的波浪中深呼吸，然后屏住呼吸面对泡沫状的浪尖，直到急流退去。

2. 与岩石相撞

前方有岩石时，应在碰撞前轻轻旋转船以绕开岩石或在船头撞上岩石后立即将船停下，再通过旋转来调整航线；船侧有岩石时，船上所有旅游者应在船与岩石相撞之前跳到离岩石最近的船侧，否则，船很可能被岩石卡住。

3. 船沉陷时

若船突然沉陷，要尽快弄清楚原因，若是由于与岩石相撞而导致沉陷，就应使用船上的绳子解决，并向岸上求助。在激流探险中船沉陷时是最危险的，应牢牢记住每个人的人身安全比让船远离岩石更重要。

4. 船陷旋涡

当船陷入旋涡时，旅游者应立即进入顺流的水中以避免可能发生的倾覆，或用桨划动顺流的水以从旋涡中脱身，也可用岸上的绳子把船从旋涡中拖出来。

5. 船被倾覆

船被大的旋涡、波浪、单侧的波涛及障碍（如石头和倒下的枯树等）所倾覆，船上旅游者可试着跳开以避免撞击到障碍物上，为避免陷入船与石头之间的逆流中，应该尽量地浮在水面上或上岸避开急流水域等待救援；尽量保持与同伴一起行动，若有人失踪，应检查船下看其是否被绳索或衣物缠住。

三、滑水

（一）起源与现状

滑水运动是人们借助动力的牵引在水上滑行的一种运动。滑水者通常穿着水橇或赤足在水面上完成各种动作。

1914 年 7 月 15 日，英国约克郡体育协会举行的水上运动比赛中的水橇竞速比赛，是世界上第一次有正式文字记载的滑水比赛；1922 年，美国人拉尔夫森·缪尔森第一次进行了将雪橇与滑水相结合的水橇滑水尝试；20 世纪 40 年代，在瑞士人马瑟尔的积极倡导、奔走下，国际滑水联盟成立。目前，全球有 3000 万以上的滑水爱好者。中国的滑水运动起源于 20 世纪 60 年代，到 80 年代成为正式比赛项目，1986 年中国滑水协会正式成立，并于同年加入国际滑水联盟。

滑水既可以使人感受高速滑行带来的刺激、惊险，也可以使人体会翻、转、跳、跃带来的快乐与满足。但滑水者是在外界动力的作用下在水面快速滑行，一旦掌握不好，极易跌入水中，发生意外。如 2002 年 8 月 26 日，1 名男性旅游者与友人在越南西贡浪茄湾滑水时，因风浪翻船致其额头被撞伤，并导致昏厥；2007 年 1 月 22 日，一名 52 岁的男子在新西兰的罗托鲁阿陶波湖参加滑水活动时发生意外，由于没有穿着救生衣，溺水死亡。

（二）滑水前的准备

1. 留意当地的天气

滑水多在天然的江、河、海上进行，受天气的影响较大，参与滑水项目的旅游者要特别留意当地的天气预报，若遇大风、暴雨等恶劣天气，应取消活动。

2. 安全设备齐全

牵引器材、滑水板（水橇）、保暖服、救生衣、水拖绳、拉把、滑水手套、臂环、滑水短裤、尼龙背心等都是滑水需要使用的器材，滑水者应该在滑水前准备好，并检查其安全性。

3. 听从教练的指导

参加滑水项目的旅游者一定要严格按照教练的指示，不可擅自行动，初学者更应如此，滑水前还要熟记与快艇或拖船驾驶员之间使用的手势信号。

（三）滑水注意事项

1. 滑水前的练习

滑水初学者应在陆地上学习如何起身，在教练指导下反复练习后，方可进入浅水区练习蹲下。熟练后才可到深水区滑水。

2. 滑水过程中的注意事项

滑水时要佩戴特制的手套，防止长时间用力拉着拉把导致手磨伤；一旦不慎跌倒，要马上放开拉把，以免被滑水绳打到或是拖拽而受伤；滑行中要注意远离海岸线、湖岸线和其他船只；若感觉肌肉疲劳酸痛，应停下来休息，避免让身体过于疲劳；滑水表演中的高难度动作虽然优美，但是危险性和难度都很大，初学者切不可随意模仿高手的特技动作，防止发生意外。

3. 滑水结束时的注意事项

滑水结束上岸时，要注意减速，不可急速冲向岸边，防止撞到障碍物而发生安全事故。

四、潜水

（一）起源与现状

2800 年前，美索不达文化全盛的时期，阿兹里亚帝国的军队通过充气的羊皮袋在水中攻击敌军是有关潜水的最早记录。距今 1700 年前的中国史书《魏志·倭人传》中也描写了渔夫在海里潜水捕鱼的场景。潜水的原意是为进行水下查勘、打捞、修理和水下工程等作业而在携带或不携带专业工具的情况下进入水面以下的活动。后来，潜水逐渐发展成为一项以在水下活动为主要内容，从而达到锻炼身体、休闲娱乐目的的休闲运动。而潜水旅游则是人们借助潜水器械做较深水域潜游的一种特殊的运动，包括海洋观光和海洋潜水。前者主要指建造海洋馆和水底潜艇观光，后者指浮潜、水肺潜等切身感受式潜水，主要有通气管潜水（又称徒手潜水或浮潜，配有面罩、呼吸管、蛙鞋、救生衣等）、水肺潜水（是用自装式水下呼吸器潜水）。

现在，滨海旅游受到旅游者的青睐，曾经少人问津的冒险活动潜水逐渐被大众所接受，潜水活动不再是专业人士的专利，而成为大众休闲的一项活动。每年都有成千上万的旅游者到海滨旅游地接受短期的潜水训练，然后便到开放水域进行潜水。虽然目前多数海滨旅游地都会雇用专业技术人员来开展这项活动，但还是有少数地方的相关技术人员缺少足够的经验，导致了事故的发生。如 2001 年 7 月，某旅游者在海南三亚大东海潜水时，心血管疾病突发导致猝死；2005 年 3 月，澳大利亚西部海岸一男子潜水时遭鲨鱼袭击当场死亡；2009 年 3 月 9 日，两名香港旅游者在菲律宾宿雾岛潜水时由于教练的疏忽而溺水身亡。

人类不属于水底世界，因此人们到海底需要详细的信息，应该具备一定的安全知识和完善的设备以及有力的后援。如果发生没有遵守相关规定、设备出现纰漏、后援没有跟上等情况，后果将是致命的。

（二）潜水前的准备

1. 选择合法注册的潜水公司

潜水活动本身带有较大风险，旅游者潜水前一定要选择（或要求代理或组织者选择）合法注册的潜水公司，并投相应的保险，还可向潜水公司咨询其处理减压病或其他潜水常见意外的程序。

2. 安全人员配备

旅游者在潜水前一定要和自己的潜水教练先沟通，确认教练是持有资格证书的潜水专家，并接受过救生训练；此外，还要确认潜水公司有足够的救生人员来保证潜水者的安全；船上除了潜水教练外，还至少应该有 1 位副教练和 1 位操控船只的人员。

3. 安全装备

若从船上开始潜水，船只上应配有备用的发动装置、灭火器、无线电应急设备、潜水员召回装置、急救包和用于治疗减压

病的应急氧气设施以及潜水者遭遇激流时的辅助装备，通常是一根绳索。这根绳索要比较醒目，上面附有浮筒使其能漂浮在船尾附近。

4. 身体检查

醉酒、吸烟后或患有心脏病、癫痫病、感冒、神经过敏症、哮喘病、支气管病、气胸、糖尿病、高（低）血压、有关耳鼻疾病等的患者或使用过晕车药、有严重的头部损伤史或做过头颅手术的旅游者不能参加潜水项目。

旅游者必须能轻松自由游 100 米，遇到水不会恐惧，眼睛在水中敢睁开，具备良好的身体素质方可潜水。另外，要参加潜水项目的旅游者最好在出游前到医院做一次身体检查，大多数潜水公司在潜水前会让旅游者出示健康证明。

5. 潜水前的热身

潜水旅游者在掌握动作和仪器的操作要领后，应先在潜游池练习，熟练后才可以去潜水区域潜水；下水前，要先活动四肢、放松身体，再次确认潜水器各连接部件的封气瓶储气压力和气压调节器性能良好，再穿着潜水器下水。

（三）潜水时的注意事项

1. 听从教练指导

认真倾听教练对潜水线路、潜水时间、走失或离队时的对策以及用得着的手语等的简单说明，严格按照教练的要求进行操作。遵照教练的指导，上升时速度必须缓慢并有所控制，即使潜得不深也要先在大约 5 米深的水中待上三五分钟；若在上升过程中失控，旅游者要划动手臂重新控制住速度，头部向后仰，张开嘴。

2. 感觉劳累时

若旅游者在潜水过程中感到劳累，呼吸频率加快，这时不要恐慌，通知您的同伴停下活动，进行深呼吸；若空气还是不够用，应告知同伴并有节律地往水面上升，引起船只的注意；若感觉身体有轻微不适，应该停止潜水活动，等到身体恢复时再潜。

3. 注意海水温度

潜水时要穿着适当，低温潜水时，供气软管内的水蒸气易受寒冻结，影响潜水员的供气量；若水温过高，运动过多可能会造成脱水。

4. 耳压的平衡

旅游者若在下潜中感到耳朵疼痛，应从面罩上面捏住鼻子，使鼻孔堵塞，保持头部朝上，然后用力吹气，就能将空气灌入耳管，使耳压平衡。每下降一个深度，就应该立即做耳压平衡。

（四）潜水有关疾病的治疗与预防

名　称	症　状	原　因	治　疗	预　防
耳朵挤压	耳朵不适、疼痛、晕眩	耳咽管封闭，压力无法平衡	上升数尺平衡耳压，若耳膜破裂应立即送医检查	缓慢下潜，持续平衡耳压，感冒或有过敏性鼻窦炎者不宜潜水
鼻窦挤压	疼痛、流鼻血	鼻窦阻塞	下潜时吹气以平衡面罩压力，症状严重时应立即就医	感冒或有过敏性鼻窦炎者不宜潜水
面罩挤压	脸部泛红、眼球充血，严重时脸肿胀、眼鼻出血、眼球突出	面罩水压不平衡	无须治疗	下潜时不断吐气到面罩中，以平衡压力

续表

名　称	症　状	原　因	治　疗	预　防
潜水员病	皮肤痒、关节痛	压力降低，氮气泡在组织内产生	至医院进行再加压治疗	
氮醉	思考、判断、运动力迟钝，有喝醉酒的感觉	氮气因加压而溶解到组织内	往上升	
一氧化碳中毒	头痛、晕眩、心智混乱、唇部为桃红色	气瓶中含一氧化碳	返回水面实施人工呼吸或纯氧呼吸	充填气瓶时要小心谨慎
油气中毒	表现出肺炎症状	吸入含油空气	接受医生治疗	应小心妥善维护充器瓶压缩机
缺氧症	失去知觉、抽筋、皮肤发青	缺乏氧气	返回水面实施人工呼吸	不要使用闭路循环式水肺，避免浅呼吸
二氧化碳中毒	头痛、呼吸困难、头晕、失去知觉	体内二氧化碳堆积、闭路循环式水肺故障	返回水面实施人工呼吸或纯氧呼吸	使用开放式水肺潜水，避免间断性呼吸

第二节　沙漠旅游安全

一、沙漠旅游的起源与现状

沙漠旅游是以沙漠地域或以沙漠为载体的事物（如历史文化遗存）、活动（如民俗）等为吸引物，以猎奇、探险、环保、科考、求知等方面的需求为目的而进行的一种旅游活动。它包括沙漠观光旅游、沙漠探险旅游、沙漠体育旅游、沙漠生态旅游，是一项和城市旅游、乡村旅游并列的，具有地域性、综合性的新型旅游产品。

作为地球上一种特殊环境下的自然体，沙漠由众多沙物质和风力共同作用形成，在地球的特定气候带上或特殊的地形环境中形成了各种沙积地貌形态，极为干旱少雨，昼夜温差大。20 世纪 80 年代以来，随着旅游业的发展，越来越多的旅游者被沙漠这种荒芜的美丽所吸引，沙漠旅游日益受到人们的青睐，并逐渐从探险家的专利成为大众旅游的新宠。据世界旅游组织研究和预测，沙漠旅游将成为 21 世纪的时尚旅游产品之一。例如，英国每年都有大批的旅游者到摩洛哥和突尼斯进行沙漠旅游。

二、沙漠旅游前的准备

时间选择　不要在春季和夏季去沙漠。3 月中下旬到 5 月，沙漠的气候瞬息万变，风很大，经常会发生沙暴，会导致旅游者迷途并危及生命。

随身物品　沙漠中温差很大，因此冬、夏季服装均要携带，旅游者还要携带大号水壶、爽身粉、手电筒、宽胶带、小圆镜、塑料袋等物品，爽身粉可以擦在容易被摩擦的身体部位，小圆镜用于求生时反射信号，塑料袋用于防尘等；此外，最好准备两副太阳镜，一副平时使用，另一副用来防风沙，可用摩托镜或滑雪镜；穿着高腰、柔软的靴子以及防沙套，以免沙子进入鞋内将脚磨破。

注意防晒　沙漠地区的太阳很强烈，皮肤易被晒伤，因此，沙漠旅行的旅游者不可晒日光浴，也不可在沙漠上躺着打盹儿。旅游者最好像当地人一样从头到脚裹住自己，裸露部位涂抹 SPF 值较高的防晒霜，并用防晒唇膏保护嘴唇。

个人急救箱　一般常用的急救用具应包括手术刀，药膏，用作

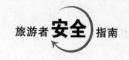
消毒的高锰酸钾，治牙痛、头疼的一般止痛药、抗菌药，防治中暑与提高耐热能力的药品（清凉油、风油精、仁丹等），防治肠道传染病、食物中毒和感冒的药品，以及癣药、蛇药、驱避剂、饮水消毒净化剂、消毒杀虫剂等。

足量的水　据测算，1 个人在大约 37℃ 的环境下进行体力活动，每天需要 23 升水，如果人体没有补充到足够的水分，那么 1 天左右的时间就可能死亡。而在沙漠的炎热环境之下，水更是生死攸关的因素。身体的运动越剧烈，流的汗越多，也就越需要补充水分。因此，沙漠旅游之前一定要储备足够的水。

学会辨别方向　为避免 GPS 出现问题而使旅游者无法辨别方向，应学会利用一定的自然特征判定方向：北极星代表正北方；太阳东起西落是最可靠的"指北针"，太阳由东向西移动，而影子则是由西向东移；沙丘一般呈东南走向，沙丘西北面是迎风面，坡度较小、沙质较硬。东南面背风，一般坡度大、沙质松软；另外，沙漠中的植物，如红柳、梭梭柴、骆驼刺等都向东南方向倾斜。上述是沙漠地区的一般特点，但也可能因地区的不同而异。

三、沙漠旅游途中的注意事项

夜行晓宿　沙漠旅行的旅游者一定要夜行晓宿以保存体力，不可在烈日暴晒下长时间行动。沙漠旅行时，下午 2 点后就应尽量寻找阴凉的地方休息，如果找不到阴凉的地方，旅游者可以挖个够自己站下的沙坑，利用沙下的湿气给自己降温。到下午 6 点以后，再起来继续行进至天黑。

沙漠露营的注意事项　营地应选沙丘之中的平地，既避风，又可防流沙掩埋；营地不可扎在红柳、胡杨树等植物附近，因为在有植物的地方往往寄生着一些毒虫。如塔克拉玛干沙漠中就有一种生活在红柳和胡杨树下的"塔里木蜱"，人一旦被这种携带特殊病毒的蜱叮咬后，就会引发致命的塔里木出血热，并在十几小时内死亡。

绕沙丘而行　在沙漠地区行走时，要尽量避开背风面，在迎风面和沙脊上行走，因为迎风面较硬实，而背风面沙子松软；若有驼队经过的痕迹，踏着骆驼的蹄印走可节省很多体力。

保证体内水分　若是夏天去沙漠旅游，旅游者一定要不停饮水以保证体内水分，防止沙漠高温造成脱水。尽量选择在沙丘的阳面顺风行走，气温高时可以选择在沙丘的背阴处歇息。

四、沙漠常见疾病的防治

中暑　大量出汗会造成人体水分和盐分的流失，从而导致中暑，中暑者会出现意识不清、虚弱和眩晕、脾气暴躁等症状，甚至还会出现痉挛。同行者应该立即将患者抬到阴凉处，将患者的衣服用水浸湿，并扇风使其体温下降；当患者出现不出汗、皮肤又干又热、脉搏加快、恶心并伴有呕吐等症状时，要立即采取急救措施，并尽快联系医疗救援队。

热痉挛　大量出汗会导致体内盐分流失，旅游者的腹部、腿部、手臂等部位的肌肉有可能出现痉挛现象，并且伴随着呼吸微弱、呕吐、头晕等症状。一旦出现这种情况，医护人员或者其他旅游者应该立即把患者转移到阴凉处，并让其饮用淡盐水。

眼睛疼痛　漫天飞舞的沙尘与强烈的反射阳光都可能使旅游者感到眼部肿胀、疼痛难忍，这时应在眼皮部位敷上一些硼酸软膏，再用绷带把眼部包扎起来；若没有膏药，也可以使用潮湿的绷带代替。

第三节　山地旅游安全

一、认识山地旅游

山地旅游是以山地自然环境为主要的旅游环境载体，以复杂多变的山体、水体、动植物景观、立体气候、区域小气候等自然资源，以及山地居民适应山地环境所形成的社会文化生活习俗和蕴涵的特定文化底蕴等人文资源为主要旅游吸引物，以山地攀登、探险、考察、野外拓展等为特色旅游项目。

山地旅游主要有名山观光、休闲度假、写生、摄影、朝拜进香等传统旅游项目，以及徒步旅行、山地自行车、野营、滑雪、攀岩、登山等旅游项目。山地旅游的最大特点是自然性和原生性，体现了人与自然的和谐统一，能满足现代都市人群"崇尚自然、返璞归真"的心理需求。但山区复杂多变的地形地貌和捉摸不定的天气状况给山地旅游带来了较多的安全隐患。2009 年 1 月 11 日，英国某登山爱好者在攀登南美洲最高峰阿空加瓜峰时因心脏病突发去世；2008 年 12 月 7 日，2 名日本旅游者迫于恶劣的天气被困新西兰南岛库克峰，最终 1 名旅游者遇难，1 名旅游者严重冻伤；2008 年 7 月 24 日，荷兰 4 名旅游者在攀登法国、瑞士、意大利三国交界处的阿尔卑斯山脉多伦山时不幸坠崖身亡。

二、山地旅游前的准备

　　身体检查　高海拔山地的自然条件特异，对旅游者身体状况有特殊要求，因此，登山前要进行严格的体检。

患有各种器质性心脏病、血液病、脑血管疾病、慢性呼吸系统疾病（支气管哮喘、支气管扩张、肺气肿，活动性肺结核，尘肺病等）、糖尿病未获控制、癫痫、癔症、严重精神衰弱、精神分裂症，曾确诊患过高原肺水肿、高原脑水肿、血压增高明显的高原高血压症、高原心脏病、高原红细胞增多症者及孕妇均不宜参加山地旅游项目。

适应性锻炼　旅游者进入高山前应对心理和体质进行适应性锻炼，锻炼多在出发前的半年开始，最晚不应超过登山前的两个月；临近旅游出发日期时则不可大负荷锻炼身体，即便平时一直坚持锻炼身体的人在进入高山前半个月也应该停下来，以免身体耗氧量增大而增加心脏负担，这样反而容易在旅游中引起不良反应。有条件者最好在低压氧舱内进行间断性低氧刺激与适应锻炼，使机体能够对由平原转到高海拔缺氧环境有某种程度的生理调整。

个人药箱　旅游者可根据个人的身体状况选择部分药剂以备旅途中急用，包括止血粉、创可贴、绷带、三角巾、胶布等外科用药，防治高原反应、感冒、急性胃肠炎、冻伤等的常用防病治病药物，如黄连素、痢特灵、大蒜素、抗生素、板蓝根冲剂、退烧药、甘草片、咳必清、安定片等。另外，藏族人民传统的保健食品高原红景天有助于增强体质，并能缓解高原反应，旅游者在进入高山前10天就可开始服用；另一种缓解高原反应的药物高原安可在进山后服用。旅游者还可以携带一些西洋参含片和诺迪康胶囊，能改善心血管功能，降低心肌耗氧量，调节血液流变性，还可起到缓解极度疲劳的作用；百服宁可控制不良反应引起的头痛；速效救心丸可备用，不可多服；丹参滴丸必要时可适量使用；葡萄糖液对不良反应有一定的缓解作用。

物资装备　若山地海拔较高，即使是热带地区，旅游者也应带些保暖衣物；穿着舒适、结实的登山鞋，鞋带要系紧；还可戴上遮阳帽

并擦些防晒霜；地图和指南针也必不可少，并学会如何使用；出发前记录下救援站或护林站的电话或无线电频率，便于途中联络。

三、山地旅游中的注意事项

注意天气状况 据统计，全球每天会发生 4 万次雷暴，8 百万次雷电，仅美国每年就有 100 人死于雷击，250 多人因此而严重受伤。因此，发生雷暴时，旅游者要迅速向山下遮蔽处转移，远离天线、大树等较高的物体，躲避时可将背包放地上，人坐在背包上，以减少雷电对自己的伤害。

采用逐步登高法 若旅游者在高海拔山区旅行，行走线路应采取逐步登高法，以逐步适应气压变化和氧分降低的环境。当海拔到达 2500 米以上时，24 小时内旅行的海拔升高变化不能超过 900 米，在此高度每增加 600 ~ 1200 米时应多停留 1 天。

轻微不良反应 若旅游者进入高山地区有轻微的高原症状，属正常现象，不要马上吸氧，因为吸氧有较强的依赖性；有轻微头痛症状者可服用去痛片缓解头痛；恶心、呕吐者可服用维生素 B_6 等药物；面部或身体其他部位出现水肿者可酌情服用氨茶碱片、双氢克尿塞等利尿药物；在高海拔地区，失眠者应尽量不服用镇静药物。

四、山地旅游常见疾病的防治

急性高山反应 急性高山反应是人到达一定海拔后，身体为适应因海拔而造成的气压差、含氧量少、空气干燥的环境而产生的自然生理反应，一般海拔达到 2700 米左右时，就会有高原反应。具体症状为头痛、气促、心慌、食欲减退、恶心、呕吐、口干、唇裂、皮肤水肿、失眠等。据统计，60% ~ 90% 的旅游者会有轻微的高山反应，症状主要在进入高海拔地区 6 ~ 72 小时开始出现，大部分人在 10 多个小时后发病，症状通常会在 2 ~ 6 天内消失。在 2500 米以上的高度，旅游者大约需要 4 天才能完全适应环境。

若症状比较轻，应多喝水并服用阿司匹林和一些温和的止痛药来减轻头痛，若患者开始失去意识，同行的旅游者或护理人员应将患者抬到症状初次出现的地方（一般需下降 600 米左右的高度），让其充分休息，多喝水（或热的甜饮料）；若情况继续恶化，应继续下降高度直到症状好转为止。

高原肺水肿 高原肺水肿是指旅游者抵达高海拔（一般指海拔 3000 米以上）后，由于缺氧环境加强心脏输出使肺动脉的血容量增加而导致肺动脉高压，令肺部毛细血管透通性增强，液体由毛细血管被迫流入肺泡内引起整个肺部组织的水肿。肺水肿会影响身体正常的气体交换，发病的早期表现为轻微的呼吸短促和咳嗽，当高原肺水肿进一步恶化时，患者会出现虚弱疲倦等与急性高山反应相似的全身性综合症状，以及呼吸困难、咳嗽、痰多（痰中带血色、粉红色或痰中带有许多泡沫般的气泡）、胸闷胸痛等典型症状。

一旦发生这些症状，应该立即让患者下降 600 米的高度，并使患者尽快吸氧；若症状无好转，则应该让患者继续下降高度直至症状完全消失；感冒会加重肺水肿，因此患感冒的旅游者最好不要进入高海拔的山地进行旅行；若患者病情好转，休息几天后便可以继续旅程，但症状严重的旅游者必须离开山区，到医院就诊。

高原脑水肿 高原脑水肿是由脑部严重缺氧产生积液而造成的一种严重的高山疾病。一般在海拔 3600 米以上的山区出现，其特点为发病急，临床表现为严重的头痛、呕吐、进行性意识障碍等。高原脑水肿早期症状是头部无间歇的疼痛，患者坐立不安非常痛苦。随着病情的加重患者会出现意识淡漠、丧失记忆、知觉消失、运动失调甚至肢体瘫痪等典型症状，同时伴有恶心、呕吐、面色发

绀、幻觉和短暂失明等。

本病多半发生在特高海拔地区，治疗脑水肿的唯一办法是尽快让患者下降到合适的海拔并立刻吸氧。

五、高原山地旅游的注意事项

刚到高原，人都会表现出不同程度的气短、胸闷、呼吸困难等缺氧症状。但这并不说明不适应高原，这种情况一般在 2～4 天后就可好转或消失。

进入高原后，要多吃碳水化合物、易消化的食品以及水果、蔬菜等富含维生素的食物，还要多喝水使体内保持充足的水分，晚餐不宜过饱。最好不要饮酒和吸烟。

到高原的前几天，洗浴不可过于频繁，避免受凉引起感冒。感冒常常是急性高原肺水肿的主要诱因（在缺氧状态下不易痊愈）。另外，初到高原亦不可急速行走，尽量减少运动量。一周后，再逐渐增加活动量。

高原地区辐射较强，必须做好防晒工作。旅游者一定要使用遮阳帽、墨镜、防晒霜、润唇膏等防晒用品，若是高原冰雪地，还要带上雪镜。

第四节　高空旅游项目安全

一、蹦极

近些年，蹦极在世界各地迅速流行，几乎每个旅游胜地都有吸引年轻人和冒险者的蹦极运动项目，只需交钱就可以参加，多数情况下都不需要旅游者出示健康证明、经验证明等。尽管蹦极在有些国家已有严格的管理规定，但世界范围还没有出台有关蹦极的统一的安全标准。

（一）蹦极的起源和现状

蹦极（也叫笨猪跳）起源于南太平洋岛瓦努阿图（Vanuatu）的一种成年仪式，几百年前的瓦努阿图男人用藤条捆住双腿，从35米高的木塔上往下跳，在离地面几英寸时突然停止，然后全村的男女老少围着他载歌载舞，庆祝他成功通过了成年的考验。这种活动后来被英国当做取悦皇宫贵族的一种表演。首次使用橡皮绳蹦极的是美国，但蹦极运动真正发扬光大是在新西兰。1988年，新西兰成立了世界上第一个反弹跳跃协会，并首次向人们公开展示了高空悬跳。到目前为止，新加坡、日本、加拿大、澳大利亚及一些欧洲国家都已建立了蹦极跳运动基地。

1997年5月，蹦极项目首次传入中国。这是一项非常刺激的户外休闲活动，蹦极者站在40米以上（相当于10层楼）高度的桥梁、塔顶、高楼、吊车甚至热气球上，把一端固定的长橡皮绳绑在人的踝关节处，然后向下跳。当人体落到离地面一定距离时，橡皮绳被拉开、绷紧，阻止人体继续下落，当到达最低点时橡皮绳再次弹起，人被拉起，随后又落下，这样反复多次直到橡皮绳的弹性消失为止。

从目前的蹦极事故来看，多是由人为因素而导致的。2000年4月15日，天津某公园由于蹦极教练将蹦极绳的保险打开过早，导致2名玩蹦极的学生跳下时摔在水泥地上，1名由于颅骨骨折、头皮血肿而导致失血性休克，另1名则胸骨压缩性骨折、脊髓横断，导致双下肢瘫痪；2001年6月，法国某女性旅游者在蹦极中死亡，事故原因为绳索断裂；2005年5月2日，1位旅游者在天津公园玩

蹦极时，由于牵引弹力索的钢丝突然断开，使弹力索失去固定约束而脱落，导致旅游者坠地，最终抢救无效死亡。

（二）蹦极的注意事项

1. 选择蹦极俱乐部

蹦极项目对蹦极者及蹦极活动的组织者的要求较高，因此，旅游者在选择蹦极俱乐部之前，应确定其是合法经营单位，蹦极教练要有经验、有常识、有资格。另外，蹦极是一项具有冒险性的活动，旅游者最好能购买相应的保险。

2. 天气状况

蹦极属高空项目，多少会受到天气的影响。若风力很大，会影响参加者弹跳的方向；若经常下雨或阳光暴晒，绳子寿命会受到影响。因此，旅游者最好选择晴天的早晨参加蹦极项目。

3. 量力而行

凡患有癫痫病、精神病、脑血管病、心脏病、高血压、近期骨折等病症的旅游者均不能参加蹦极项目，孕妇及醉酒者也不能蹦极。深度近视者选择蹦极运动时须慎重，因为硬式蹦极跳下时人体以 9.8 米/秒的加速度下坠，很容易因脑部充血而造成视网膜脱落。此外，蹦极对参加者的身体素质要求较高，旅游者在参加蹦极前要接受健康检查，并征求医生的建议。

4. 蹦极前的准备

升降机启动之前旅游者必须坐稳，不要在升降机启动之前就系上蹦极的绳子，否则绳子很容易搅成一团；很多蹦极点都针对不同的体重配备了不同的绳索，这些绳子用不同的颜色和标签来标明适用的体重范围，若旅游者感觉不满意就不要跳；旅游者蹦极时系绳子的方法也有好几种，如把背带套在身上，系在脚踝、腿或手臂上等，蹦极前一定要确定系好绳子，若感觉绳子或其他系着物看起来陈旧不堪或有哪里不对劲时，要取消蹦极。

5. 其他注意事项

蹦极时着装要尽量简练、合身，不要穿容易随风飞散或兜风的衣物，应将上衣系到裤子里；将手表、项链、戒指、手链、脚链之类的饰物摘下，防止划伤自己。另外，旅游者蹦极前还应该充分活动身体各个部位，以防扭伤或拉伤。

除非旅游者蹦极经验丰富，否则不宜参加双人跳等高难度蹦极。

二、滑翔伞

滑翔指物体不依靠动力，仅利用空气浮力在空中飘行。从古至今，人类一直在不停地探索能够像鸟儿一样自由自在飞翔的方法，并发明了各种飞行工具，滑翔伞就是其中之一。

由于滑翔伞在山坡上就能起飞，并且能完成盘旋、滑翔、爬升、滞空等飞行动作，拥有较好的稳定性和操纵性，并且具有体积小、便于携带等特点，全套装备只有 20~30 公斤，所以颇受空中运动爱好者的喜爱。滑翔伞运动不受年龄和体力限制，国外有的 80 岁老人还在飞滑翔伞，国内的滑翔伞爱好者从 10 岁以下的儿童到 60 多岁的老人都有，目前全世界已有成百上千万的滑翔伞爱好者。

（一）滑翔伞的起源和现状

1978 年，住在阿尔卑斯山山麓沙木尼的法国登山家贝登用一项高空方块伞从山腰起飞，成功地飞到山下，一项新奇的运动从此开始形成。1984 年，同样来自沙木尼的费龙从自朗峰上飞出，滑翔伞在一夕之间声名大噪，并迅速在世界各地风行，仅欧洲已有 300 多万滑翔伞爱好者。中国航空运动协会滑翔伞委员会正式注册的选手已达 800 多人，经常飞行的爱好者无法计数。目前我国滑翔伞运动

俱乐部已有 50 多家。

滑翔伞运动是一项另类的极限运动，当旅游者在空中滑翔中体验无限自由感觉的同时，也有一定的危险性。2005 年 9 月 4 日，1 名台湾籍男子在北京市昌平区某飞行场地飞行时，由于不熟悉山形和大陆性气候导致的小股暴躁热气流的影响，不幸遇难；2007 年 2 月 14 日，某位中国滑翔伞爱好者在澳大利亚新南威尔士州宾加拉附近飞行时遇上一场风暴而坠落在地身亡；2007 年 6 月 3 日，1 名女性旅游者在鄂州市某景区驾驶滑翔伞时被风吹入湖中，滑翔伞伞线又将水上一艘游艇拽翻，从而导致 6 名旅游者落水，幸无人员伤亡。这些触目惊心的事故告诉我们，参加滑翔运动的旅游者应事先了解和学习相关的安全事项和知识方可参加，不可冒昧行动。

（二）飞行前的准备

1. 个人技术准备

首先，旅游者必须在有经验的飞行员或有 BHPA 资格的教练的指导下进行练习；其次，要认真阅读滑翔伞用户手册，并花费长时间来进行判断训练；最后，确定滑翔范围离水（地）面有足够的高度（高于 1000 英尺）方可开始飞行。

2. 物资装备

旅游者在乘坐滑翔伞飞行时，须携带套带、安全帽、手套、护目镜、仪表等装备。

套带是用来连接滑翔伞和飞行员的，应依照自己的体重进行选择；飞行时可戴质轻且坚固的安全帽，如自行车、攀岩、溜冰用的头盔都可用；为了避免手部受伤，旅游者在参加滑翔伞运动时，夏季应戴薄且耐用的手套，冬季可用滑雪手套；鞋的选择应以质轻且坚固为原则，滑翔伞专用鞋为最佳选择；旅游者须身着滑翔伞飞行服，配戴隐形眼镜的旅游者须戴护目镜；高空滑翔飞行时，必须使用风速计、高度计、升降仪等，初学阶段仅配备风速仪即可。

3. 安全装备检查

滑翔前，旅游者应先检查整个伞衣有无撕裂、刺穿和擦伤情况，并查看是否拉开或未缝合；检查伞衣内是否有沙子、碎石子或石块；检查每根伞绳的连续性，清除所有悬挂绳彼此相互的黏附；检查伞绳与操纵带的连接情况；旅游者还要确保操纵绳与套环安全地连接。上述任何一点出现问题，都应立即修正，否则必须取消飞行。

4. 严格遵守规定

旅游者应严格遵守滑翔伞的操作规定，如严禁旅游者单独一个人飞行，严禁旅游者在过度疲劳的状况下飞行，严禁在服药或饮酒后飞行等。另外，旅游者在滑翔伞起飞前应确保将背带设置到正常的飞行位置，并调节背带使其适应助浮器；检查自己的无线电通信设备是否已充足电；可通过起飞引导明确起飞时间。

（三）飞行中的注意事项

1. 保持警惕

旅游者在飞行中要时刻保持警惕。注意自己的对讲机是否正常；如果您提前到达前一飞行员的高度，应安静地等待指示，不要继续朝海洋的方向飞行；如果滑翔伞上有裂缝或者飞行线路有问题而无法联系时，或感觉飞行高度太低而不能返回到着陆场，或不愿做练习，可忽略对讲机中的提示，朝陆场飞行，直至安全着陆。

2. 按照规定飞行

旅游者在飞行中应始终戴头盔；起飞或着陆时必须迎风；着陆后立即使伞衣排气；旅游者不能在 1 次飞行中增加 1 个以上的新内容（新伞具、新的飞行场地等）；时刻在自己的飞行技术范围内进行飞行活动，不要盲目挑战新动作、新场地等。

3. 掌握飞行技巧

滑翔者须熟练地应用以下飞行技巧：当在空中与其他滑翔者上

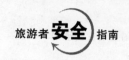
下相遇或将掉入别人的伞绳中时应将手脚打开；了解滑翔伞的失速点、失速及其旋转的情形；能熟练使用几种不同的下降方法；飞行中遭遇强风时应以倒退飞行的方式；应注意抛开副伞的时机、高度与技巧；按照指示飞行方向操作；若有轻微的眩晕或反胃感，应使自己镇定，尽快适应高空环境。

（四）滑翔伞的安全着陆

滑翔伞着陆时，旅游者应将高度控制在 10 ~ 15 米，面对风向并将控制绳拉至肩部；距离地面约 1 米时，徐徐将两边控制绳拉至腰部以下，以安全着陆；若有乱流导致伞不稳时，则需将两脚并拢，膝盖并紧，进行滚翻着陆。

三、热气球

我国热气球运动开展 10 多年来，正越来越受到人们的欢迎，企业界和飞行爱好者都从不同角度关注着这项时髦运动的发展。国内目前普遍使用的是七型热气球，最大直径 17 米，高 23 米，体积约 2180 立方米，最高飞行高度可达 7000 米。体验飞行一次的费用每小时 400 ~ 500 元，购买热气球者需在空管部门办理飞行空域审批和申报，1 个标准热气球约需花费 76000 元，在热气球俱乐部的学习培训费用为 16000 ~ 18000 元。

由于热气球的造价、飞行费用、学习和考取飞行执照的费用都相对较高，在我国参与这项运动的人数还比较少，属于"贵族"运动。目前国内大约有 200 个热气球，约 200 人拿到了民航部门颁发的热气球飞行执照，自行购买热气球只用于业余飞行的爱好者不多，一般是租用飞行俱乐部的热气球或在参与培训、比赛、商业活动的过程中飞行。

（一）热气球的起源和现状

热气球的创意起源于中国，是人类最早的升空载体构想，距今已有 2000 多年的历史。汉武帝时《淮南万毕术》中记载：鸡蛋里若充满热气就可以飞起来。1000 年后（五代时期），福建就有了松脂灯（也叫孔明灯）。知名学者李约瑟指出，1241 年，蒙古人曾经在李格尼兹（Liegnitz）战役中使用过龙形天灯传递信号。1783 年11 月，法国造纸商蒙戈菲尔兄弟在巴黎穆埃特堡进行了世界上第一次热气球载人的空中飞行，标志着热气球运动的诞生。200 多年以后，热气球情结渐渐从当初的名门世家移向现今的豪商巨贾。而随着热气球创造材料的改进、制作工艺的提高、驾驶技术的日臻完善，热气球飞行已成为任何地点都可进行、任何人都可尝试的新型空中体育项目。且仍不失为一种财富、身份和勇气的象征。

目前，世界各地的热气球已超过 2000 个，几乎每天都有比赛和活动，在我国也引起了社会各界的广泛关注。热气球运动符合现代人求新、求变、求刺激的摩登时尚，渐已成为继攀岩、蹦极、滑翔之后的又一休闲娱乐的热点。加之热气球运动本身兼有体育、娱乐、探险、旅游、广告发布等多重功能，而被各跨国公司所广泛认同。

（二）飞行前的准备

1. 时间与地点的选择

避免在大风、大雾天气进行热气球运动，太阳升起或下山前一两个小时是热气球飞行的最佳时间；热气球需 30 米×30 米的平整场地，周围无电线及高大建筑。初学者应在 4 米/秒的气候条件下飞行，飞过高压线、高大建筑、牲畜养殖场、村庄时要注意保持安全高度。

2. 相关要求与装备

专业飞行者必须具备民航总局颁发的驾驶执照，高血压、心脏病患者不能进行热气球运动；飞行者须着棉质面料的服装和运动鞋，不可穿着裙装、高跟鞋、凉鞋等；为防止灼伤，飞行者最好身

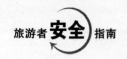

着长衣长裤，佩戴纯棉棒球帽。除必要的装备外，驾驶热气球的旅游者还需佩戴 GPS 全球定位系统、电子罗盘、对讲机、工具刀、打火机等装备。

（三）起飞注意事项

驾驶热气球需要 1 组人共同努力，乘坐热气球的旅游者要做好心理准备，当热气球点火升空时，会在一瞬间喷出高达 3～5 米的火焰，同时也会发出类似于爆炸声的巨响，旅游者应做好心理准备，不必惊慌，抓紧吊篮即可。

（四）飞行中的注意事项

1. 体验者勿碰相关设备

热气球的吊篮由藤条编制，形状为四角形，飞行员、飞行助手、体验者都要站在吊篮内，还要携带 4 瓶燃气及相关设备，空间非常狭窄。为不影响飞行员操作，体验热气球的旅游者要尽量靠边站立，不可碰触吊篮内的相关设备。

2. 方向控制

热气球没有方向舵，飞行方向取决于风向。由于不同高度、不同时间、不同地点的风向都不一样，飞行员若要调整方向，就需要准确找到风层来改变方向，才能到达预期的目的地。热气球的升降与球体内的气温有关。飞行员可通过操纵燃烧器的燃气开关来调节热气球升降。

3. 氢气泄漏

若热气球在飞行中出现氢气泄漏，热气球将完全靠加热保持高度；若泄漏加大而不能保持高度，球体将会起到降落伞的作用，应将下降速度控制在每秒 5 米之内；若状况继续恶化，以至于没有足够时间跳伞，应发出求救信号。

4. 安全降落

热气球降落时，乘坐热气球的旅游者须面向前进方向，扶好吊篮边缘，采用微蹲姿势。若出现突然熄火，热气球也不会急速下降，旅游者不必慌张，只须听从飞行员的指挥，安心等待热气球自然降落。

四、过山车

过山车是一项富有刺激性的娱乐工具，其风驰电掣、有惊无险的快感令不少人着迷。过山车的运动包含了许多物理学原理，使旅游者能亲身体验一下由能量守恒、加速度和力交织在一起产生的效果。过山车虽然惊险刺激，但是基本上是非常安全的设施。电影《绝命终结站3》中宣称过山车的事故率约为两亿五千万分之一，而现实当中，真正的数字可能还更低。根据美国消费者产品安全委员会（CPSC）和六旗乐园（Six Flags）的调查显示，2001年当中搭乘过山车的死亡率约为十五亿分之一。

（一）过山车的起源和现状

过山车又称为云霄飞车，是一种机动游乐设施，常见于游乐园和主题乐园中。这种令人惊声尖叫的项目每年可吸引好几百万人搭乘，并获取数十亿元的收益。

云霄飞车的概念起源于400年前的俄罗斯，其英文 Roller Coaster 就来源于俄语，意为"俄罗斯山脉"。17世纪中期，凯萨琳女王等贵族会群聚到俄罗斯滑雪场，滑雪者先爬上一个木质阶梯，坐在雪橇上，然后滑下一座覆盖着白雪、终端往上翘的滑道，这便是过山车的雏形。到19世纪初期，法国已至少有2座过山车。1900年以后，过山车开始雨后春笋般在全世界出现，并不断推出新的类型，有些由钢铁制成，有些由木料制成，有些让乘客站着，有些甚至把乘客悬挂在空中。

1865年1月20日，拉马库斯·阿德纳·汤普森（LaMarcus

Adna Thompson）成为首位注册过山车相关专利技术的人，被誉为"重力之父"。

（二）乘坐过山车的注意事项

1. 保护颈椎

过山车频繁改变方向或在瞬间加速后顿然减速时，由于惯性的作用，会引致颈椎受伤，轻则扭伤颈部韧带、肌肉和关节，重则更会损伤椎动脉、颈神经及脊骨，使人手脚麻痹等，少数还可能严重损毁神经而导致永久性的半身或全身瘫痪，甚至死亡。因此，参加过山车项目的旅游者一定要将头与颈贴紧头垫，防止颈椎受伤。

2. 减少脑部震荡

过山车的高速旋转会给身体带来极大的震荡，甚至可能对脑部造成创伤，如脑血管爆裂、头痛及眩晕等。不少玩过山车的旅游者表示，虽然刚玩过山车时身体没有不适，但几天后会出现头痛及视力模糊等现象，这都有可能是脑血管受冲击力太大，令脑血管已有微量出血所致。因此，乘坐过山车时，旅游者须抓紧手柄，降低身体被抛来抛去时受伤的可能性。

3. 保护腰骨

过山车猛力的上下摆动使旅游者的腰间脊骨承受了巨大的压力，容易造成创伤。轻微者可致腰间疼痛，严重者可导致腰椎间盘突出。若神经受压，甚至还可能导致下肢痹痛。因此，旅游者乘坐过山车时一定要保证背脊贴紧椅背。

第五节　冰雪旅游安全

冰雪旅游有较高的经济效益，可以促进和带动地方经济发展，因而被称为"白金产业"。冰雪旅游大致可分为四大类：观赏性冰雪旅游，包括冰灯、雪雕、雾凇、冰挂等；参与性冰雪旅游，包括滑雪、雪地高尔夫、攀冰岩、冰帆等；体验性冰雪旅游，包括雪屋、冰吧、冬泳、高山定向越野、冰雪摄影等；娱乐性冰雪旅游，包括玩雪橇、雪圈、溜冰、耐寒街舞大赛等；另外还有民俗类冰雪旅游项目，包括泼雪、嬉雪、滚雪（滚运气）、打爬犁等。

一、滑雪

滑雪是指利用滑雪板在雪地滑行的一种体育运动，与滑冰、滑水有相似之处。滑雪板由木材、金属材料和塑料混合制成。滑雪竞赛主要有两种：高山滑雪和北欧滑雪。高山滑雪由滑降、小回转和大回转（障碍滑雪）组成。高山滑雪混合项目，由上述三个项目组成。北欧滑雪（比赛）包括个人越野滑雪赛、男子接力赛和女子接力赛。此外还有跳台滑雪赛以及北欧混合项目比赛，包括越野赛和跳台赛。

（一）滑雪的起源和现状

目前，关于滑雪的起源还存在一定的争议。一些学者认为滑雪最早见于西伯利亚贝加尔湖以南的阿尔泰地域的历史记载，还有一些学者认为挪威是"滑雪的故乡"。在中国古代地理书《山海经》的《海内经》中曾记载"有丁令国，其民自膝以下有毛，马蹄善走"，这是中国有关滑雪的最早论述，所谓丁令国，即为贝加尔湖以南直至阿尔泰山一带的我国北方的一个游牧民族。

旅游滑雪受人为因素制约程度较小，男女老幼均可在雪场上轻松、愉快地滑行，享受滑雪运动的无穷乐趣。由于高山滑雪具有惊险、优美、动感强、魅力大、可参与面广的特点，故高山滑雪被人们视为滑雪运动的精华和象征，更是旅游滑雪者的首选和主体项目。近些年出现的旅游滑雪项目还有单板滑雪、超短板滑雪、越野

滑雪等。其中越野滑雪是在低山丘岭地带（平地、下坡、上坡各约占 1/3）长距离滑行，虽然远不如高山滑雪的乐趣和魅力，但从安全和健身的角度而言，更具有广泛的参与性。超短板滑雪、单板滑雪（双脚同踏一只宽大的雪板）比高山滑雪更具有刺激性，技术更灵活，但在中国尚未普遍开展。

改革开放以来，中国的滑雪产业已逐步成为朝阳产业，1996 年之后的不足十年间，滑雪场的数量与滑雪人数迅猛增加。时至今日全国已有 20 多个省市（区）开展了大众滑雪项目；各类滑雪场接近 200 处；全国滑雪人次达 280 万，仅北京周边地区就有几十万人次，而且仍以迅猛速度发展着。

（二）滑雪前的准备

1. 衣着道具

参与滑雪的旅游者不一定要穿正式的滑雪服，但着装应以宽松、舒适、保暖、防水为佳。不宜穿牛仔服，因为牛仔面料易吸水，雪融化后会影响舒适度；手套要能保暖、保护手指和防水；要戴上帽子和雪镜以保暖和防护。

滑雪装备主要是雪靴、雪板和雪杖三大件。雪靴的正确穿法为先将衬裤或毛裤随脚放在靴内，扣紧后将滑雪裤或冲锋裤罩在雪靴的外部，雪靴一定要扣紧；雪杖略高于自己的肚脐即可。

2. 了解雪场概况

旅游者初到雪场时，应先了解滑雪场的大致情况，弄清楚雪道的高度、坡度、长度、宽度及周边的情况，并根据自己的滑雪水平来选择相应的滑道；熟悉雪场设施的分布位置，在区域较大的雪场滑雪时应早去早回，以防在身体疲劳时迷路。

3. 滑雪前的热身运动

滑雪前要做好热身运动，可以先和同来的朋友打打雪仗，再活动身体的各个关节，这样有利于降低运动损伤。女性在滑雪之前尤其要做好热身运动，因为女性肌纤维较细嫩，在运动中会反复收缩、伸张，容易产生不同程度磨损或轻微撕裂，会产生酸痛感。

（三）滑雪中的注意事项

1. 防止衣服和靴子进雪

旅游者在滑雪过程中难免会有跌倒，若没有专用的滑雪服，雪容易从脚脖子、手腕、领子等处钻进衣服，影响滑雪者的注意力和舒适度。因此，旅游者在滑雪前应购买一条有弹性的长约 40 厘米的长筒护膝，将其一头套在滑雪靴上半部，另一头套在腿上，即可有效防止进雪；用宽条带尼龙贴扣的松紧带将滑雪手套腕口紧紧扎住，再用围巾将领子与脖子之间的空间稍加填充，可确保雪不会进入领口，而且还能起到保温的作用。

2. 体能及营养的补充

滑雪时的起跳、转身等各种动作，要求滑雪者有充沛的体能。因此，在滑雪期间，旅游者应有足够的膳食以保证滑雪时的能量需求，特别应适当增加糖类的供应，以免因糖分摄入不足而降低运动能力或引起中枢神经系统的疲劳。

3. 量力而行

旅游者在滑雪前应清楚自己的技术水平，只有当能安全地停住，并能避开滑雪道上的障碍物和其他滑雪者时，才能去较大的正规雪场滑雪；不单独在树林、高山等未经开辟的户外天然雪场滑雪；严防与他人相撞，滑雪中宁可让自己摔倒，也不要与他人或者其他物体发生碰撞，滑行中撞到人、树或拦网都是很危险的，轻则挫伤，重则骨折。另外，旅游者在雪场停留休息时要注意靠边，并要充分注意并避开从上面滑下来的人，重新进入雪道时亦如是。

（四）滑雪可能的伤害及其应对

1. 冻伤

旅游者在滑雪场最容易受的伤害就是体温过低引起的冻伤。一且出现此种情况，应立即离开低温场地，尽快更换被雪弄湿的衣物鞋袜，用40℃左右的温水浸泡冻伤部位，穿上厚衣服保暖。切忌用搓揉来促进冻伤部位的血液循环和马上烤火。

2. 眼睛伤害

雪地反光强烈，若旅游者眼睛完全裸视，极容易发生雪盲症。旅游者在滑雪前应佩戴专业的滑雪眼镜以防雪盲；若出现雪盲症状，应用纯净水或者眼药水清洗眼球，然后用柔软的医用棉纱覆盖眼睛，闭眼休息，切忌用手揉眼睛。

3. 皮肤伤害

滑雪运动幅度较大，旅游者不可避免会有擦伤、裂伤、淤血和血肿、运动摩擦伤等皮肤伤害。对于擦伤和裂伤，应要立即对伤口进行清洗，然后涂上消炎软膏或者紫药水，不要用纱布覆盖；淤血和血肿可用冰敷来止血消炎，伤处会逐渐由紫红转成黄绿色，3天之后可使用热敷和按摩来减缓疼痛。

4. 骨骼伤害

滑雪中难免会受到强烈的外力冲击，若外力冲击超出旅游者本身的机械承受幅度，容易发生骨折。一旦骨折，旅游者应立即平卧，不要乱动，更不能进行按摩或拉拽，以免损伤到周围的血管而引起血淤和水肿；检查受伤位置后，立即用木棍、木板和弹性绷带对受伤部位进行固定，做好止血和固定处理后，应立即去医院就诊。

5. 肌肉酸痛

没有经常锻炼的旅游者通常会在滑雪后的次日出现肌肉酸痛，两三天后才会逐渐缓解。建议旅游者在滑雪后通过热水澡、按摩等方式来有效促进血液循环，预防或缓解运动后的肌肉酸痛；对于已出现肌肉酸痛的旅游者最好能用泡热水澡或搽适当药物和摩擦剂的方式来减轻疼痛；也可做一些牵伸肌肉的运动以加速肌肉放松。

二、滑冰

滑冰作为一项老幼皆宜的体育运动，已经成为时下全民健身的重要组成部分。经常参加滑冰运动不仅能改善心血管系统和呼吸系统的机能，提高有氧运动能力，更能有效地培养人的勇敢精神。

（一）滑冰的起源与现状

滑冰起源于 10 世纪的荷兰，随后逐渐在欧洲开始盛行。到 11～12 世纪，荷兰、英国、瑞士以及斯堪的纳维亚一些国家就已有脚绑兽骨、手持带尖木棍支撑冰面向前滑动的文娱活动。我国早在八九百年前也已有了滑冰运动，当时称之为"冰嬉"。《宋史》中记载皇帝"幸后苑，观冰嬉"。这项运动延续了几个朝代经久不衰，到清朝已成为民间普遍的文娱活动。根据乾隆年间的《帝京岁时纪胜》记载"冰上滑擦者所著之履，皆有铁齿。流行冰上，如星驰电掣，争先夺标取胜"，可见我国在 200 多年前就有了冰球运动，当时主要盛行于北方，在山西部分地区尤为流行。

（二）滑冰前的准备事项

滑冰是冬季最为适宜的体育锻炼项目，不仅能够增强机体代谢、产生热量、抵御寒冷，而且有益于调节情绪、消除疲劳、增强体质。滑冰时，由于气温低、速度快，故初学滑冰者应注意以下几点：

1. 做好准备活动

旅游者在滑冰前要做好准备活动，尽量将身体各关节活动开。可握住脚趾，前后左右摇动，用手将耳、鼻、手背等部位搓热，这样比较不易摔倒，即使滑倒对关节或肌肉的损伤也会相对较小，而且还可以缓解滑冰后带来的肌肉酸痛感。

2. 选择合适的冰鞋

冰鞋种类与滑冰分类相对应,主要有花样滑冰、冰球和速滑三种冰鞋。初学滑冰的旅游者最好选用花样滑冰鞋。穿冰鞋时,前两三个扣眼的鞋带可系得稍微松一点儿,后面的鞋带要系紧,这样脚腕在鞋里才不会晃动,而且比较容易向两侧倾斜使劲蹬冰,袜子不要穿得太厚。

3. 着装要点

初学滑冰的旅游者应穿长袖衣裤、戴上手套,以免摔倒时擦伤皮肤,儿童可戴上护膝、护肘、头盔等防护用具;服装的厚度与松紧度以不妨碍运动且保暖通气为宜;滑冰的时候身上不要带钥匙、小刀、手机等硬器,以免摔倒时硌伤自己或他人。

4. 选择安全的场地

滑冰者一定要选择安全的场地,在自然结冰的湖泊、江河、水塘等冰面滑冰时更要小心,应选择冰冻结实,没有冰窟窿和裂纹、裂缝的冰面,要尽量在距离岸边较近的地方滑,不要单独前往。尽量不要在初冬和初春时节到户外的自然冰面滑冰,以免因冰面断裂而发生事故。

(三) 滑冰的注意事项

1. 正确的站立姿势

滑冰时,两脚应分开,与肩同宽,脚尖稍向外转形成小"八"字,两腿微弯,上体稍向前倾,目视前方。身体重心要通过两脚平稳地压到刀刃上,踝关节不应向内或向外倒。

2. 注意休息

滑冰中下肢和踝部位最吃力,若运动时间过长就不容易保持平衡,甚至会发生摔倒和踝关节损伤现象。因此,建议初学滑冰的旅游者最好每隔 15~30 分钟休息 1 次,具体时间长短依自己的体能状况而定。休息时应把鞋带解开,使脚上血液畅通以快速解除疲劳。

3. 滑行安全

旅游者上冰后应尽量保持身体平衡，沿逆时针方向慢速滑行，不要追逐打闹，不要从专业跑道上冰；当身体疲劳时，应脱掉冰鞋以放松小腿和脚部肌肉；初次滑冰两腿会出现肌肉紧张和酸痛现象，几次练习后，这种感觉会自然消失。另外，滑行时一定要俯身、弯腿、重心向前，不慎滑倒时要尽量往前趴，以免摔伤尾骨。

（四）易发生的意外及其应对

1. 手腕受伤

初学滑冰者不能很好地控制身体平衡，常会因站立不稳而跌倒，若在跌倒时用手撑地，很容易造成手腕扭伤。手腕扭伤后，旅游者应暂时停止活动，以免因盲目活动而造成新的损伤或加重病情。一般情况下，轻者会手腕疼痛，活动不便；重者则可能腕部肿胀剧痛，出现青紫块，甚至发生骨折。

扭伤后，可用冷毛巾或冷水袋敷手腕，以减轻疼痛和肿胀；次日，可改为用热毛巾或热水袋敷手腕以消肿，也可在扭伤处贴伤湿止痛膏、麝香风湿膏，局部涂擦正骨水、解痉镇痛酊，然后再用三角巾悬吊于颈部。疼痛厉害者可服用少量止痛片或三七伤药片；若伤处出现严重肿胀、皮肤青紫或疑有骨折，应用硬纸板、木片等绑扎固定后到医院诊治。

2. 局部冻伤

冬天室外滑冰场温度很低，滑冰者的耳朵、鼻子、脸颊、手指和脚趾等部位较容易发生轻度冻伤。旅游者在滑冰过程中若发现局部皮肤呈白色，且出现麻木感，应马上停止滑冰，尽快进入相对温暖的房间，将湿的手套、袜子和衣服脱下来，用毯子、羽绒服或棉被等裹住身体，喝一杯热饮，再用40℃左右的温水浸泡被冻伤的部位，直到恢复原有肤色。注意不可用蛮力使劲揉擦冻伤处，而应该

慢慢吸干。若冻伤部位肤色没有在 1 天之内恢复正常，应尽快就医。

三、攀冰

攀冰由攀岩运动发展而来，是攀登高山、雪山的必修科目，更是登山运动的基本技能之一。由于近年众多冰瀑、冰壁的开发以及攀冰装备的不断进步，攀冰这项曾经被视为专业运动员才能从事的极限运动，已经逐渐变成众多户外运动爱好者心仪的最新冬季时尚运动。攀冰运动以其独特的新酷装备、童话世界般的活动环境和刺激的身心感受，赢得了"冰瀑上的芭蕾"的美誉。

（一）攀冰的起源与现状

攀冰运动起源于 18 世纪的欧洲，直到 20 世纪 70 年代以前，冰壁攀登一直是登山探险中难以逾越的障碍，许多登山家曾因在攀登过程中遇到冰壁而功亏一篑。到 20 世纪 60 年代末，欧洲一些登山者发明了附带锯齿状镐头的冰镐以及带坚硬前刺的冰爪解决了这一难题。20 世纪 90 年代，攀冰项目在北美和欧洲风靡一时，美国、英国和法国相继成立了攀冰俱乐部和攀冰训练学校，攀冰的人数不断增加，并产生了一批职业攀冰者。近年来它已发展成一项世界性的冬季休闲活动。

攀冰运动以冰冷而危险的环境，深深地吸引着那些勇于挑战极限的旅游者。它可使人的潜能在户外艰苦的环境中发挥到极限，但攀冰运动也具有一定的危险性，如冻伤和滑坠摔伤是野外攀冰中较容易发生的意外。

（二）攀冰前的准备

1. 物资装备

攀冰是一项借助于装备、器械而进行的运动，因此装备的选择很重要。攀冰的装备主要包括冰镐、冰爪、冰锥、高山靴等必备技术装备，头盔、安全带、防水手套、防水动力绳、防雪套等安全装备以及登山服等保暖、防水、透气的服装。

冰镐用来自我保护和维持身体平衡，如果发现冰镐的某一部位损坏时要注意随时更换；冰锥在冰面上起到固定主绳的作用，攀冰者最好使用管状冰锥；高山靴应选择塑料外壳的双层高山靴以保护脚部；要选择防水性、透气性、保暖性好的登山服装，增加对气候变化的抵抗力和舒适度；头盔用来防止头部被落下的冰块、小石块等砸中；安全带由腰带和腿带构成，腰部有装备挂环，有足够的空间挂快挂和冰锥等；主锁主要起连接作用，做保护和设置保护点都要用上；保护器不能使用带制动功能的保护器，如 GUIGUI，一般用 ATC 或"8"字环；手套应可防水、不易太厚，且摩擦力大、保暖；应采用防水动力绳（干绳），直径在 10 毫米以上，结组攀登需要半绳或对绳；雪套用来防止雪粒、冰块等进入高山鞋内。

2. 攀冰点的考察

攀冰前应勘察地形，考察冰质，选择合适、安全的攀登线路和时间；还要掌握攀冰点的天气变化情况。不可在大风天气攀冰，也不宜选择冰太脆的地段。

判断和鉴别冰的质量对攀冰者非常重要，冰的质量主要由其形成的时间、周围空气的温度及其整体冰面的状态决定，攀冰者还要根据冰的质量来选用合适的冰镐。

3. 体质要求

攀冰活动属于极限体验项目，要消耗很多体力，有较大风险和危险，因此，攀冰运动对参与者体质有较高要求。参与者年龄应在 18～35 岁，有恐高症、高血压、心脏病、眩晕症的人不宜攀冰。此外，攀冰属于技术性很强的特种旅游项目，旅游者在参加前要熟练地掌握攀冰的相关技术以及自我保护技术。

4. 皮肤护理

皮肤在冬天寒冷的天气里易受到伤害，冰雪表面反射的 UVA、UVB 紫外线和红外线对皮肤具有很强的杀伤力，攀冰者应该选用高于 SPF25 的防晒用品和护唇膏，并在攀冰前涂抹冬季专用的润肤品，也可穿防晒质料的服装。女性旅游者最好在攀冰前做个面膜，给肌肤补充水分，并加速血液循环。

（三）攀冰注意事项

1. 关注冰的变化

冰瀑的硬度和危险程度在不同的时间段会有所不同，攀冰者必须了解冰瀑的特性，冰瀑的冰质不好或形势险恶时应用安全绳索进行保护；旅游者在攀冰过程中应随时留意冰体的变化，当冰壁不能再承受攀冰者的重量或冰瀑的表面即将发生断裂时，会有一些细微的声音发出，要提前做好准备。

2. 攀冰的安全技巧

将冰镐扎入冰面时，不可用力过猛或晃动冰镐，以免影响冰面的稳固性；用力使冰爪尖牢牢扎入冰面，脚不可上下晃动，避免使冰面破碎而不牢固；另外，脚要平直扎入冰面以充分发挥冰爪的作用；除安全带等必要的保护性措施外，攀冰时还必须戴头盔。

3. 选择合适的保护点

在能找到保护点的情况下，最好不用冰镐作为保护点。遇到冰柱时，把绳索套在上面绕一个圈扣上铁锁，即成为一个保护点；当冰柱较细时，应在旁边用冰锥做一个副保护点或采用人造冰洞保护点；还可以利用岩壁作为保护点，利用岩壁设置保护点的方法是在岩壁上寻找对自己身体适合用力的位置旋入岩石锥，最好高度不超过头部过多，在岩壁与岩石锥交接处套上绳套，用钩子作为保护。

（四）攀冰易受的伤害及其应对

攀冰中突出的危险是冻伤和滑坠摔伤。

1. 冻伤

攀冰需要在冰壁上悬挂几十分钟或几小时，精神高度集中，冬季的寒冷、野外的大风和冰壁上融化的水很容易将攀冰者在不知不觉中冻伤。

为预防冻伤，攀冰者应做好以下几点：随身携带备用手套和袜子，当穿戴被水浸湿时应及时更换，并把换下来的衣物放在怀里用体温烘干备用；遮蔽耳朵、面颊等运动较少的部位；经常活动手指、脚趾，以加速末端血液循环并感觉是否有冻伤迹象；备防风外衣，在需要长时间停留时及时穿着。一旦发生冻伤，必须要及早治疗以减少受伤面积和受伤程度。

2. 滑坠

滑坠是在攀冰过程中时刻要留意的危险，需要在装备和技术上进行克服。为预防滑坠，攀冰前应先观察地形和冰况；检查冰壁是否存在落石、落冰，是否结实；然后根据自己的技术，选择适合自己的冰壁；攀冰前还需清楚保护员的位置。

第六章　特殊休闲场所的安全
问题与应对

　　休闲场所泛指一切可以为人们提供休闲功能的场所，既包括城市广场、公园等非营利性公共娱乐场所，也包括向人们提供休闲服务的营利性场所，如影剧院、录像厅、礼堂等演出、放映场所，舞厅、卡拉 OK 厅等歌舞娱乐场所，具有娱乐功能的夜总会、音乐茶座、酒吧和餐饮场所以及保龄球馆、旱冰场、桑拿等娱乐、健身、休闲场所。其中休闲娱乐场所由于其开放性、项目本身特性等多种因素使其有特殊的安全问题表现。

第一节　休闲娱乐场所的安全

一、歌舞演艺场所的安全

　　演艺，是指通过人的演唱、演奏或人的肢体动作、面部表情等来塑造形象、传达情感从而表现生活的一门艺术。旅游演艺则是从旅游者的角度出发，依托著名旅游景区、景点，表现地域文化背景、注重体验性和参与性的形式多样的主题商业表演活动。将演艺融入旅游，仿佛为旅游市场注入了催化剂，促进了旅游市场的快速发展与繁荣。

（一）旅游演艺业的起源与发展

演艺业（舞台表演艺术业）是最早、最传统并且最具专业性和市场化特点的艺术行业，也是最具有再开发和产品衍生潜力的原创型文化产业。各国、各民族都以各自独具特色的戏剧、音乐、舞蹈、曲艺等舞台表演形式，形成面向演出市场、从多层次的观众群体中获取社会和经济效益的艺术产品。在市场经济条件下，历史悠久而又与时俱进的表演艺术业的生命力坚韧而顽强。

中国是演艺大国，资源丰富，品种繁多，观众广泛，市场潜力巨大。不但拥有 300 多个戏曲剧种和独有的曲（艺）、杂（技）、木（偶）、皮（影）艺术，而且也拥有当今世界流行的众多现代表演艺术种类；目前已拥有 2589 个国有和集体性质的专业演出团体，还有众多的各类民间职业剧团以及引进的一批外国表演团体。

我国旅游演艺事业经过了 20 多年的发展，逐渐走向成熟。我国第一个旅游演艺项目应是陕西省歌舞剧院古典艺术团于 1982 年 9 月在西安推出的《仿唐乐舞》，其成功运行使我国旅游演艺事业拉开了发展的序幕。2004 年桂林阳朔举行的《印象·刘三姐》标志着我国旅游演艺热潮的出现，随后涌现出了《梦回大唐》、《吉鑫宴舞》、《天下峨眉》等众多品牌演艺节目，极大地拓展了旅游发展空间。

我国旅游演艺的类型与模式随着旅游演艺的逐步发展而呈现出明显的阶段性特点。其一，是将普通演艺节目融入旅游项目之内，这种类型是对当地文化的一般阐释，具体来说就是将观看舞台演艺作为一项旅游活动；其二，是依附于其他旅游吸引物而存在的、为了弥补旅游市场的空白而出现的旅游演艺项目，这些旅游演艺项目一般都出现在知名的景区（点）和旅游城市，并且大都于傍晚至夜间时段上演，是对文化诠释的一种补充，能为旅游者提供

更多夜间休闲和放松，这类演艺主要是白天观光和夜晚休闲相结合的模式，比如大多数旅游城市的剧场演艺项目以及景区的夜间表演等；其三，是景区式的实景演艺，整个演艺包括演出场所形成一个独立的旅游景点，最有代表性的就是《印象·刘三姐》；其四，是结合餐饮、节庆等文化要素形成的演艺项目，随着旅游演艺业的不断成熟，这类演艺已经成为独立的旅游吸引物，不仅本身就是一旅游景点，还能衍生出多个主题活动与产品，这是文化旅游演艺发展的高级阶段，如演艺与餐饮结合的代表《仿唐乐舞》、《吉鑫宴舞》等。

由此可见，演艺业与旅游业的结合已经越来越紧密，旅游者不仅有可能会去目的地的歌厅、夜总会等通俗演艺场所休闲，还可能参加富有当地特色的旅游演艺节目，因此，演艺场所的安全事项也应该成为旅游者必须了解和掌握的安全知识。

（二）室内演艺场所的安全事项

室内演艺娱乐场所主要包括室内的影剧院、歌舞厅、夜总会、演艺吧等以提供较大规模的演艺节目为主要营利手段的场所。

1. 火灾

是室内演艺场所最容易发生、伤害最大的安全事故。通常的室内演艺娱乐场所由于其装饰、装修大都使用木材、纤维板、聚合材料、聚酯等可燃材料，同时演艺场所内部为增强娱乐气氛，用电量大，各式电器、照明设备较多，而且不乏抽烟者，这些都为娱乐场所的经营者和参与者带来较大的安全隐患。另外，由于演艺娱乐场所内部人流密度大，又多位于市区较繁华的地段，一旦发生火灾，将会造成较大的损失和伤亡事故，影响和破坏性都很大。如 2008 年 9 月 20 日，深圳市龙岗区某歌舞俱乐部由于在舞台燃放烟花导致一起特大火灾，造成 43 人死亡，另有 57 人住院治疗；2009 年 1 月 1 日晚，泰国首都曼谷一家夜总会由于在表演台上燃放烟火引发特大火灾，再加上紧急出口、紧急照明设备与灭火器等消防设施设备存在较大漏洞，造成 62 人死亡，200 多人受伤的恶性事故。因此，前往这些娱乐场所休闲和体验的旅游者一定要掌握一定的安全知识和技能，为出行多加一份保险。

其一，经常前往娱乐场所的旅游者要养成进门先查看逃生通道的习惯，若发现娱乐场所消防设施设备不完善或者有不合适之处，应该选择别家。

其二，火灾发生时应保持冷静，切忌慌乱，这样才能最快地找到安全出口，以免发生挤伤、踩伤事故；还要注意灵活应变，当安全通道堵塞时，应果断放弃安全通道，另寻出口。

其三，火灾发生时，旅游者若在底层可直接跳窗逃生；若在二三层可抓住窗台往下滑，以尽量缩小离地面的高度，跳窗自救；若在四层以上，应选择疏散通道、楼梯、屋顶和阳台逃生，一旦这些逃生之路被火焰或浓烟封住，应该找下水管顺势滑下，或者用窗帘、地毯等卷成长条，制成安全绳，滑绳自救。

其四，在高层的人员切忌跳楼逃生，当逃生通道被大火或浓烟堵住时，被困人员应该暂时逃向火势较轻的地方，并及时发出求援信号，等待消防队员营救。

其五，在逃生过程中，应尽量避免大声呼喊，防止烟雾进入口腔，并用水或饮料打湿衣服捂住口腔和鼻孔，采用低姿行走或匍匐爬行的方式，以减少毒气对人体的伤害。

2. 刑事治安事件

现今歌舞演艺娱乐服务场所内的治安状况不容乐观：一是场所内卖淫嫖娼活动屡禁不止；二是娱乐场所内有偿陪侍、异性按摩问题长期存在，并已向公开化、组织化发展；三是逃避打击的手段多样化，打击查处工作难度加大；四是场所内严重刑事、治安案件时有发生，敲诈宰客现象屡禁不止。

少数违法人员有意识地对场所设施进行改造，设置暗门、暗道、夹壁墙，以扰乱执法人员视线，加大执法检查难度。并且出现了利用互联网、报刊等信息传播媒介发布或变相发布卖淫信息，以婚介公司、家政服务公司为掩护，组织、介绍卖淫活动的新动向，甚至一些带有黑社会性质的流氓恶势力开始涉足娱乐场所。如 2007 年 6 月 27 日晚，一名外地旅游者在桂林市火车站附近被 1 名人力三轮车夫以"看艳舞"为名，骗到中山南路某 KTV 一间有异性陪侍的包房。感觉有异的旅游者表示要走时，却被 4 名男子索要 1 万元，遭拒后，该名旅游者被 4 名男子暴打致伤；2006 年 3 月 5 日凌晨，上海市朝阳公园某夜总会，一伙男女因与服务员发生争执，其中 1 名男子用自制手枪射伤夜总会经理，等等。

- 到娱乐场所休闲和体验的旅游者应把握分寸，不接受陌生人的唆使和馈赠，不与陌生人搭讪，不贪恋美色和钱财，不参与违法事件，以免引发纠纷，给自己惹来麻烦。
- 身居外地期间，不独自前往娱乐场所；外出前应告知导游或领队自己的去处，最好与当地的朋友一同前往。
- 到娱乐场所的女性旅游者应注意不穿着过于暴露的衣服，举止有度，不接受陌生人馈赠的饮料、香烟或其他物品。
- 不可尝试摇头丸、KING 粉等毒品，这些药物对人体的运动中枢神经、胃和大脑都有损害，还会产生幻觉，使人无法控制自己的行为，而且还可能会上瘾。

（三）室外演艺场所的注意事项

随着旅游演艺业的蓬勃发展，山水实景演出已经成为各大景点的主要旅游项目，主要包括大型民俗表演、极限运动表演和著名歌舞剧在景区的表演三大类。极限运动表演大多安排在风和日丽的白天，而大型的民俗表演和歌舞剧则大多安排在晚上，其安全问题相对较为突出。

其一，由于旅游演艺大多位于风景优美的开放式景区，场地较大，不易控制，常会有一些当地人贩卖假票或者低价拉客。带旅游者通过特殊途径观看演出，有时并不是在剧场内，而是在附近的山坡上，游客的人身安全没有保障。所以，旅游者应婉言拒绝其"好意"，坚持通过正规途径购票。

其二，大型旅游演艺大都在纯自然的环境下露天进行，目前各景区实景表演除大雨、暴雨等特殊天气之外均可演出，但若遇上阴天、大雾天，演出的观赏效果和旅游者的体验满意度都会受到较大影响。因此，旅游者购票前应关注天气预报，尽量选择风和日丽的日子观赏演出。

其三，旅游演出大多处于有山有水的自然风景区，夜间蚊虫会比较多，座位安排较密集，因此，建议旅游者去看表演前最好携带驱蚊花露水、小折扇、小手电、纯净水、雨衣等物品。另外，旅游者还要注意尽量不携带较多现金和信用卡等重要财物，以免人多拥挤导致被盗。

其四，旅游者需穿长袖长裤或带一件外套，若是冬季，最好带上羽绒服、帽子、手套等，以防夜间温度下降引起着凉感冒；若想记录下表演的精彩瞬间，应携带好相机以便拍照或者录像。

其五，若时间充裕，旅游者可提前入场，既可参观一下周围的景色和剧场，也可以避免开演前的人群拥挤。

其六，表演开始后，不可乱跑，不可随意站起，不可大声喧哗，以免影响其他旅游者观赏，引人反感。

其七，旅游者要有环保意识，不随意丢弃果皮纸屑，离场时将自己的饮料瓶、包装袋等垃圾放入指定的垃圾点。

二、游艺娱乐场所安全

（一）游艺机的起源与发展

根据我国文化部出台的《娱乐场所条例》对娱乐场所的界定与分类，营业性游艺娱乐场所包括电子游戏机、游艺机娱乐场所，以及台球、保龄球等游戏、游艺娱乐场所；其中电子游戏机是指通过电子屏幕显示活动声光、影像的游艺机具。

最早真正用于娱乐业的游戏机为 20 世纪初德国出现的"八音盒"游戏机。随着世界各地赌博业的逐渐兴旺，许多投币机如扑克牌机（俗称耗子机）、跑马机、高尔夫弹珠机等开始出现，并曾一度取代了健康的娱乐业。20 世纪 30 年代，美国兴起对抗竞技性的模拟游戏，其中模拟枪战的"独臂强盗"游戏机大受欢迎。此后，模拟各种体育运动（如打靶、篮球等）的游戏机也相继出现在娱乐场所。随着全球电子技术的飞速发展，电子游艺机的不断发展，并随之出现了大批的游艺娱乐场所。但是游艺厅也存在着较多的安全隐患，如 2009 年 8 月，安徽巢湖某网吧一位男青年因为连续玩游戏两天导致疲劳过度造成的蛛网膜出血并昏迷，经过 7 天抢救才苏醒过来；2009 年 5 月 7 日，乌克兰东部城市第聂伯罗彼得罗夫斯克市一家自动游戏机厅爆炸起火，火灾致使 10 死 9 伤；2008 年 11 月23 日，重庆南坪步行街某电玩城几名青年因游戏纠纷与电玩城主管发生口角，随后双方持刀棍等器械打斗，造成 5 人死亡、2 人受伤的惨剧。

（二）游艺娱乐场所的注意事项

根据 2009 年年初我国国家文化部与公安部、国家工商总局联合下发的《关于进一步加强游艺娱乐场所管理的通知》，游艺娱乐场所使用的游戏设施、设备必须是依法生产、进口，并经文化部门审查通过的产品。游艺娱乐场所一律禁止设置具有押分、退分、退币、退钢珠等赌博功能的电子游戏设施、设备；不得以现金或者有价证券作为奖品，不得回购奖品。进行有奖经营活动的，奖品应当健康有益。因此，旅游者一定要按照上述规定，选择有营业执照的、无赌博性质电子游戏机的正规游艺娱乐场所，以免给自己带来不必要的麻烦。

带儿童前往游艺机游乐场所的，应看清楚其规定，选择适合未成年人玩耍的娱乐场所和恰当的电子游戏。

近年来，不少游艺厅专门推出针对学生春秋游的各式套餐活动，但这些游艺厅设置的针对幼儿园、中小学生的不少游艺机项目都具有较大的博彩成分，一些游戏的内容涉及暴力、凶杀，影像画面也不乏血腥场面，不适合学生。学校或家长在组织儿童体验游艺机项目时，一定要注意游戏内容是否健康、积极向上。

游艺厅大都存在通风不畅，空气较混浊的问题，并且很多游艺厅并没有对机器进行定期的消毒，这对于学生的身体健康都是不利的。因此，游艺场所的的安全卫生问题也应该是校方和家长关注的。

迪厅、KTV、酒吧等娱乐场所的音乐音量很大，若长时间处于这样的环境容易导致听觉衰弱，产生耳疲劳，甚至出现失聪。因此，经常去这些娱乐场所的旅游者应注意保护自己的听力，若有昏眩、头痛等声音污染引起耳朵受损的症状，应尽快离开。

在游艺厅内打游戏的游客应避免将衣服搭在椅背上或将手机、钱包等放在游艺机上，在玩游戏的同时，应注意保持警惕，防止个人物品被窃。到游艺厅玩耍时应尽量不带贵重财物，并尽量做到财不外露。

不要随便与陌生人搭讪，不要贪图小便宜；礼貌对待他人，不与他人争吵，以免引起事端。

第二节 大型节事场所的安全事项

节事（Festival&Special Event）是一个外来的组合概念，是节庆和特殊事件的统称。节庆通常指有主题的公共庆典，特殊事件则是指精心策划和举办的某个特定的仪式、演讲、表演或庆典等特殊活动，如国庆日、庆典、重大的市民活动、独特的文化演出、重要的体育比赛、社团活动、贸易促销和产品推介等。节事旅游则是以这些事先策划好的事件为核心吸引力而引发的一系列旅行、逗留活动，是全球休闲经济时代的一种特殊旅游形式。节事旅游分类众多，一般说来主要包括三个类型：节日类旅游，又包含政治性节日、宗教性节日和民俗性节日三类；事件性旅游，包括常规的商贸会展、体育赛事、学术研讨等；一次性活动，如奥斯卡之旅等。

我国节事旅游始于 20 世纪 80 年代中期，至今有 20 多年的历史，虽起步晚但发展势头迅猛。据不完全统计，目前我国全年大小节事活动达 5000 多个，特别在城市地区，节事活动类型不断丰富；随着节事活动的增加也带来了节事经济链条的拓展，包括项目策划、赞助集资、媒体广告、会务展览、场地布置、设施租借、彩车制作、观礼台搭建、纪念品制作等，从而逐步形成新兴的"节事经济"和"节事产业"。

一、大型体育比赛场所的安全

（一）体育赛事旅游的起源与发展

20 世纪中后期，随着旅游业的快速发展和体育运动的普及，以体育运动和比赛为特色的旅游项目在欧美发达国家和地区迅速发展。据瑞士洛桑有关部门对欧洲几个发达国家的调查显示，体育给一个国家带来的经济效益占该国国内生产总值的1%～2%。按照国际体育旅游委员会的统计，全球体育旅游的收入已占到世界旅游业总收入的32%。如"足球工业"发达的意大利，体育旅游及比赛的年产值在20世纪80年代末已达180亿美元（目前已达500亿美元），跻身意大利国民经济十大部门的行列；英国通过发展体育旅游业也得到了近90亿英镑年产值，超过汽车制造业和烟草工业；新加坡正在筹划将该国发展成为体育旅游中心，他们将争取举办更多的大型体育比赛和体育活动，使体育旅游成为新加坡旅游业新的增长点。

奥运会、世界杯足球赛是世界上规模最大的体育赛事，这两项举世瞩目的赛事每四年举办一次，均在世界不同国家的大城市举行，举办城市除须具备世界一流的体育场馆设施外，还应具备良好的城市环境和便捷的交通等，因此，举办地都是观光游览的好去处。赛事旅游者不但可以观看到精彩的体育比赛，为本国参赛选手加油助威，体验各种体育文化，还可以观赏异国的名胜风光，体验异国风情，感受现代化的城市建设与管理。

我国国内较大型的体育赛事主要有足球、篮球、排球、乒乓球职业联赛及全运会、城运会、农运会以及中国网球公开赛（北京）和上海网球大师赛。

（二）体育赛事旅游的安全事项

大型体育赛事具有场地开放、人流量大、设备多等特点，其对治安、消防、公共卫生、交通等方面的安全要求较高，安全控制与管理难度较大，因此，较容易发生拥挤、踩踏、骚动、爆炸、建筑物倒塌、球场暴力等安全事件，像奥运会这样举世瞩目的活动甚至还会受到恐怖活动的威胁。虽然组织者为体育赛事的安全举办投入了大量的人力和物力，但还时不时地会发生各种各样的安全事故。如1972年慕尼黑奥运会的劫持人质案、1996年亚特兰大奥运会的爆炸案、2002 年欧洲足球冠军杯赛前的连环爆炸案、欧洲"足球流氓"的暴力事件、2004 年奥运会开幕前期雅典的突然大面积停电等，这些事件令体育赛事组织者忧心忡忡，也令参赛运动员、观众、记者为自身安全感到担忧，大型体育赛事的公共安全问题也因此变得更为敏感与重要。

虽然我国到目前为止还没有出现类似英国"黑五月"的足球惨案及 1972 慕尼黑奥运会劫持人质案等骇人听闻的悲剧，但"中国足坛暴力排行"、"5·19 球迷事件"等都使我们意识到中国的大型体育赛事也存在着公共安全隐患。因此，参加体育赛事的旅游者一定要具备一些必要的安全防范与保护的知识，以保障自身的安全。

- 大型赛事比赛场所的安检程序往往比较复杂，旅游者进入安检区时要自觉排队等候，积极配合安检人员和志愿者的指挥和疏导。
- 以下物品均不能带入赛场：法律、法规明令禁止的物品、易碎品，各类容器、乐器、软硬饮料包装（医疗原因的除外）及大量易投掷的食品、大型箱包等；旗杆、非参赛国家和地区的旗帜、展开面积超过 2 米 ×1 米的旗帜；横幅和标语；未经授权的专业摄像设备和支架；动物（服务类动物除外）；除婴儿车与轮椅之外的代步工具；其他任何影响赛事顺利进行的物品。
- 如果您不小心将上述物带进赛场，应按照安检人员的提示，将限带物品妥善处理。
- 不得长时间在体育馆的通道处停留，不得有扰乱现场秩序或违反法律、法规的行为。
- 由于赛事开、闭幕式时会场的停车需求非常紧张，参加开、闭幕式的旅游者要尽量乘坐公交车和出租车前往赛场，自驾车观众尽量合乘出行。

- 观看赛事的旅游者应遵守赛场规定，对号入座、关闭手机铃声、不随意拍照、不大声喧哗，这不仅会影响选手比赛水平的发挥，而且也会影响其他观众。
- 不得用标语或其他器具对对方观众、裁判员、运动员、工作人员进行攻击，应热情、礼貌对待他人，尊重他人的立场和劳动。
- 不得进行任何形式的赌博、游行、静坐、示威及其他扰乱现场活动秩序和违反法律、法规的行为。
- 观众与运动员的互动非常重要，良性的互动可使运动员振奋精神，而不同的运动项目所需要的互动是不同的，旅游者观赛之前应该对此有所了解。网球、高尔夫球、马术等项目需要相对安静的比赛环境，观众应该根据比赛规则恰到好处地给予掌声鼓励；足球、手球、篮球等较热烈的项目，观众可以尽情地呐喊助威。
- 各运动项目都有不同的观赛礼仪，旅游者在前往观赛前应对此有所了解，以提升自己对该项运动的审美情趣，加深自己对该项运动的理解和欣赏程度。
- 室外烈日下观赛的观众很容易发生中暑，因此外出观赛的旅游者莫要忘带遮阳帽、太阳镜等防晒用品以及十滴水等防暑降温药物。尤其是网球、赛艇、沙滩排球等室外比赛项目，观众须长时间在高温、高湿、闷热的环境里观看比赛，更应该预防中暑。
- 旅游者若在观赛中有多汗、口渴、无力、头晕、眼花、耳鸣、恶心等轻度中暑症状，应马上停止观赛，回到住所休息，并服用相应的药物以尽早恢复；旅游者若出现头痛、麻木、眩晕、不安或精神错乱等重度中暑症状，应及时求助赛场的急救医生。

二、大型宗教节事活动的安全

朝圣是指宗教信徒去圣地朝拜，是一种为崇敬或在求得神（或超自然）佑助或例行或免除某些宗教义务而走向某地的旅程。旅游则是指一种为休闲或求得某种精神的愉悦与升华，或为了调节或免除某些日常工作与生活的枯乏，而走向某地的旅程。因此，有些学者认为旅游起源于宗教朝圣，有的学者则认为旅游是一种"神圣旅程"，也有人认为旅游是一种现代朝圣。可见，朝圣与旅游关系之密切。

由于虔诚的信徒往往选择在宗教节事期间到相应的目的地去朝圣，因此，宗教节事便成为朝圣旅游者最集中、场面最壮观的时段。宗教节事活动吸引的旅游者大多是宗教信仰者，这类参加者对宗教节庆具有很高的参与热情，因而重游率也较高。在节事活动过程中，凡设计安排的跟宗教相关的各种活动，诸如各类庙会、佛像开光节、寺庙奠基节等，朝圣旅游者都会积极参加。

（一）宗教朝圣旅游的起源与发展

宗教朝圣旅行早在公元前 8 世纪就已兴起，古埃及规模隆重的"布巴提斯阿尔铁米司祭"庆典曾吸引尼罗河沿岸各国的朝圣者顺江而至，希腊的奥林皮亚节盛典更是让宗教朝圣逐渐成了一种世界性的活动。中世纪时期，伊斯兰教徒盛行到麦加、麦地那朝圣；基督教徒则盛行去耶路撒冷、罗马和圣地亚哥朝圣；公元 8 世纪阿拉伯帝国朝圣制度甚至明文规定，每一个有能力的穆斯林平生至少完成一次长途旅行。11～14 世纪，朝圣就已成为一种广为流行的旅行活动和宗教现象。在中国，著名的佛僧法显历游天竺、玄奘西天取经、鉴真东渡日本以及迄今依然流行的清明扫墓，民间"香社"去泰山、普陀山、武当山进香还愿，还有人们为敬神、事鬼、拜祖先而四处奔走等都属于朝圣旅游。

朝圣旅游由于参与人数众多、朝拜时间和地点高度集中、宗教信仰存在不同派别等因素而具有一定的安全隐患，这在印度、沙特阿拉伯等一些宗教国家表现尤为明显。以沙特圣城麦加为例，历史上不同教派的信徒发生冲突，大量朝圣者滞留不归，朝圣者停留地发生火灾、塌方、食物中毒、瘟疫甚至交通事故等屡见不鲜。

自 1979 年以来，麦加朝圣活动已多次造成严重伤亡事故：1990 年 7 月 2 日，1426 名朝圣者在通往麦加圣地的一条行人地下通道发生的踩踏事故中死亡，这是麦加朝圣历史上最惨重的人员伤亡事件；1994 年 5 月 23 日，270 名朝圣者在 "石砸魔鬼" 的仪式中被踩死；1997 年 4 月 15 日，一名朝圣者在米纳山谷拥挤的帐篷城使用煤气罐做饭不慎引起大火，致使 340 名朝圣者丧生；1998 年 4 月 9 日，朝圣者在麦加附近的米纳地区穿过一个宽 80 米的桥洞时，蜂拥向前象征性地投石击打恶魔，拥挤中 107 名朝觐者因相互践踏而死。除了上述意外事件外，教派冲突、政治原因等也造成了一定的伤亡，如 1979 年 12 月 4 日，75 名控制了麦加大清真寺的穆斯林激进分子被沙特警察击毙，数 10 名沙特士兵在枪战中丧生；1987 年 7 月 31 日，伊朗朝圣者举行反美游行示威，与警察发生冲突，402 名朝圣者在冲突中死亡，649 人受伤。

（二）宗教朝圣旅游注意事项

- 旅游者在进入宗教寺庙或宗教旅游区观光之前，必须先了解并尊重旅游地的宗教信仰和有关规定。
- 旅游者进入寺庙或参观具有宗教特色的建筑物时，应衣着得体，不穿过于暴露和花哨的服装，以免引起周围信徒的反感与鄙视。
- 若遇寺庙 "法事" 或当地正在进行宗教活动时，应静立或悄悄离开，不能随意走动，或旁若无人地大声喧哗。

- 切勿随意触摸（当地风俗允许的除外）宗教标志、佛像、祭祀器物。
- 很多宗教场所不允许拍照，旅游者在照相留念时应注意现场的提示标志或向管理人员询问，以免引起不快。
- 尊重民族风俗和宗教信仰，不得在寺庙殿堂等肃穆的场所随意就餐。
- 朝圣旅游者应举止文明，人多的时候不拥挤、不起哄、不制造紧张或恐慌气氛，如果有意外发生应尽快通知安保人员，并协助安全管理人员做好人群疏散，不要惊慌乱跑。
- 尽量避免到拥挤的人群中，遇到拥挤人流时，尽量走在人流的边缘；应顺着人流前进，否则很容易被人流推倒；发觉拥挤的人群与自己迎面而来时，应立即避到一旁；在人群中走动，遇到台阶或楼梯时，尽量抓住扶手，防止摔倒。
- 陷入拥挤的人流时，要先站稳，身体不要倾斜以防失去重心，即使鞋子被踩掉，也不要贸然弯腰提鞋或系鞋带。有可能的话，应先尽快抓住坚固可靠的东西慢慢走动或停住，待人群过去后，迅速离开现场；若自己被人群挤倒，要设法靠近墙角，身体蜷成球状，双手在颈后紧扣以保护身体最脆弱的部位。
- 宗教节事往往被认为是最神圣的、最隆重的庆典，因此，旅游者在前往目的地体验朝圣之旅时，一定要对目的地的宗教礼仪有所了解，包括如何与他人打招呼、问好，朝拜的大致流程，穿着注意事项，当地禁忌等。

三、大型文艺表演场所的安全

根据我国文化部 2005 年 8 月颁布的《营业性演出管理条例实

施细则》，文艺演出主要指音乐、戏剧、舞蹈、杂技、魔术、马戏、曲艺、木偶、皮影、民间文艺以及其他形式的现场文艺表演活动。以上文艺项目演出的方式主要包括演唱会、音乐会、见面会、签售会、比赛、综艺节目等多种形式，这些活动由于其本身的开放性和时尚性，吸引了越来越多的人参与。

目前，一些大型文艺表演开始选择在户外举行，这给安全管理带来了较大困难。2009 年 5 月 23 日，摩洛哥某体育场内举行的演唱会结束时，由于一块隔板意外坍塌造成人群混乱，引起踩踏事故，最终有 11 人死亡，40 多人受伤；2008 年 11 月 3 日，韩国庆尚北道尚州市某体育场举办演唱会时，入场观众因拥挤导致踩踏事故，造成至少 11 人死亡，约 70 人受伤，死者多为老人和儿童；2008 年 2 月 21 日，辽宁朝阳元宵节焰火晚会发生爆炸，人工湖护栏被炸飞近 40 米，2 只路灯被损坏，所幸没有造成人员伤亡；2009 年 8 月 1 日，加拿大艾伯塔省中部的一个露天音乐会舞台被暴风雨吹塌，造成 1 人死亡，75 人受伤等。

因此，旅游者在前往异地参加上述活动之前，一定要掌握一定的安全知识，知晓此类活动中应该注意的安全事项。

（一）文艺演出的发展与现状

在没有电影、电视的时代，戏剧表演曾是人们趋之若鹜的娱乐；在 20 世纪 20 年代，无声电影迎来发展高峰，接着有声电影、彩色电视和录像相继出现，好莱坞帝国开始在全球扩张，大众的娱乐趣味发生了巨大的转变，曾经无比辉煌的戏剧在 20 世纪的尾声中徐徐降下帷幕。

目前从我国来看，全国现有各类文艺表演团体近万家，全年演出 42 万场，观众 4.7 亿人次。2002 年，仅北京各类文艺演出就有 1.7 万余场，观众约 1300 万人次，总收入 3.85 亿元。文艺演出大大丰富了国内舞台，并形成品牌化趋势。

随着演出市场的日益活跃，也出现了一些不容忽视的问题。一些演出单位和个人"一切向钱看"，为迎合少数人的低级趣味，色情淫秽表演在农村集镇、歌舞娱乐场所时有出现；有些演员瞒天过海，偷税漏税、假唱、假冒他人名义演出，欺骗观众；少数演出公司违法经营，擅自倒卖演出项目；还有打着"人体彩绘"的旗号，进行所谓的"行为艺术"表演，哗众取宠等。这些已产生不良社会影响的问题，是改革开放中文化艺术表演市场从计划经济向市场经济的转轨中所出现的问题，也只有在进一步深化改革中加以解决。

（二）大型文艺演出场所的注意事项

- 观看文艺演出的旅游者应提前到达场地，避过高峰期的人群拥挤。
- 若很多人一起入场，一定要按照现场管理人员的指挥，依次进场，不要喧哗，不要制造恐慌，以免引起踩踏事故。
- 演出结束时，不要马上拥向出口，应按照管理人员规定的秩序退场，或在座位上等大多数人离开时再退场，避免人群拥挤而导致被挤伤、踩伤、贵重物品被偷等。
- 要遵守安全规定，不要携带违反规定的物件，如宠物、匕首、石头、易拉罐等可抛掷物入场。
- 迟到的观众应服从管理人员的指挥进入场地，不可擅自乱闯，以免引起意外事故。
- 由于大型文艺演出的舞台多数是临时搭建的，具有一定的危险性，因此，观众最好不要太靠近舞台，并尽量避开大型搭建物、广告牌等物体，以免被砸伤。
- 尽量和同伴一同前往；手机要充足电，以免和同伴走散或者有紧急事情时无法联系；若是露天演出，还应带上花露水、外套、手电筒、雨衣等。
- 举办大型文艺演出的城市会在演出当天对表演场所周边实

行交通管制，旅游者最好乘坐公共汽车、地铁等公共交通工具提前到达演出地点。

- 本地观众也应尽量乘坐公共交通工具，以免因停车场车位紧张、加油站排队等情况影响自己观看演出。开私家车出行的观众最好与他人拼车，减轻交通负担。还要注意提前出发，路途中要遵守交通规则，安全第一。

四、大型商业会展场所

会展业是包括会议业、展览业和奖励旅游业的一个巨大产业。根据国际展览业权威人士估算，国际展览业的产值约占全球 GDP 总和的1%，如果加上相关行业从展览中的获益，展览业对全球经济的贡献则达到8%的水平。国际会议同样是一个巨大的市场，根据国际会议协会（ICCA）统计，每年国际会议的产值约为2800亿美元。在德国、中国香港等会展业发达的国家和地区，会展业对经济的带动作用达到1:9的水平。会展业已成为当今世界都市旅游业的重要组成部分，各国旅游部门都非常重视会展旅游业的发展。有些国家或地区的旅游管理部门还专门成立了会展旅游管理部门，如香港为促进会展旅游业的发展，专门组建了会议局。

会展旅游对于带动经济发展、提升城市地位、跻身国际排行等都具有重大意义。因此，会展旅游已经成为当今世界旅游业发展的一个重要方向和城市经济发展水平的重要标志。但近年来发生在会展中的大规模踩踏、文物被盗、骗展、混展等安全问题使得我国会展旅游业面临着较大的挑战。

（一）会展旅游的起源与发展

会议产业最早起源于北美与欧洲，20世纪50年代后逐步形成一种全球性的产业。由于会议与展览有很多相通、融合之处，与会

人员的旅游消费行为也极为相似，因此通常将会议业与展览业合称为会展业，并将与之相关的旅游活动称为会展旅游。从 1980 年开始，亚太地区的会展产业开始迅猛发展，目前，亚太地区拥有众多世界级别的会展中心，如新加坡国际会展中心、香港会展中心、泰国曼谷诗丽吉皇后国家会展中心、日本东京国际会议中心、澳大利亚悉尼会展中心等。

20 世纪 90 年代以来我国会展旅游业发展迅速，年增长速度达到 20% 以上，大大高于我国其他领域经济总量的增长。最近一两年，我国传统旅游业增长速度开始放慢，而会展旅游业增长速度都非常快，并逐步受到旅游业界的重视。北京、上海等地的旅游主管部门开始专门研究会展旅游对旅游业的作用，各大旅游企业也纷纷拓展会展旅游业务，一些地方还组建了会展旅游协会。但是，我国会展旅游总体上还处于初级阶段，市场占有量还比较小。

（二）商务会展场所的安全注意事项

商务会展场所的会展旅游者既包括来自国内外专门参观展品的旅游者，也包括为谋求商机和扩大产品宣传而来参展的参展商，还包括展会的组织人员。这些人都会利用展会这一大好时机达到学习体验、文化交流、信息沟通、技术合作、商务洽谈、休闲观光等各种目的。商务会展由于其空间的有限性和人员的集聚性等因素，存在诸如场馆超出最大容量、旅游者数超出所在城市的最大承载量和管理控制能力不足等问题；会展旅游者行为的随意性、自发性、多元性等特点也为会展旅游的安全控制带来一定的难度。近年来，随着会展活动的蓬勃发展，旅游者在会展中被骗、被窃、被袭击、站台倒塌伤人、商务秘密泄露、展品被盗或被损坏等会展安全事故频繁发生，给会展旅游者的人身和财产安全造成一定的威胁。参加会展的旅游者应注意一些安全事项。

1. 参展商及展台人员

- 随着会展市场的繁荣和管理的相对滞后，骗展事件屡屡发生。"大杂烩"、"移花接木"、"野鸡展会"等时常引起突发群体事件。为防止受骗，参展商应该充分做好参展的准备与调查工作，不要贪图便宜或急于参展。

- 参展商应尽量选择相对成熟，有稳定展期的展会，综合考虑展会的知名度、规模、配套设施，就展览公司的实力、信誉、知名度等作出选择。

- 参展商应做好展台安保工作，一方面防展品被盗，另一方面是防止商业机密被非法地窃取或合法地套取。

- 对于贵重的展品，参展商应尽量使用封闭式展台；若有贵重但体积不大的展品，可以使用保险箱或闭馆后随身带走；还可雇佣专业警卫或购买相应保险；展览会多设有晚间保险设备，参展商可以联系使用。

- 展台人员在与他人交谈时，不可泄露公司机密，如企业正在研制的产品、企业的市场战略等。参展商最好能对展台人员进行沟通技巧方面的培训，避免出现差错。

- 正规展览会都有一系列的安全规定，参展商必须认真阅读，并按规定办事，如展架展板必须经防火处理，照明设备和材料必须符合当地标准，电源必须由展览会指定的公司人员连接等。

- 为保证安全，参展商应尽量选用符合规定的展架道具；施工搭建时，不要急于求成或偷工减料，应注意质量，保证展架道具安装坚固。

- 展出期间，须有人员负责检查展架、设备状况，维护修理展架、设备，尤其是观众多的时候，更要注意。参展商还应指定人员在每天闭馆时检查展台、关闭电源。

2. 会展组织方及主办方

- 为使会展顺利进行，会展组织商在筹备会展之前要进行市场调研，并撰写可行性报告。可行性报告应从市场环境分析人手，根据展会的立项策划提出展会的举办方案，在已经掌握的各种信息的基础上，进一步分析和论证举办展会的各种市场条件是否具备，是否有举办该展会所需要的各种政策基础和社会基础。可行性报告还需对展会项目的生命力，展会执行方案是否合理、完备与可行，展会项目财务，风险预测等进行分析。

- 会展组织者在危机和紧急事件中要扮演领导角色，要表现出足够的冷静与魄力。因此，会展组织者应对可能发生的紧急事件作出危机处理预案。

- 会展组织者应当通过当地有关部门或机构成立一个紧急医疗救护系统，在会议现场安排医护人员，并与当地医院联络，一旦有紧急病人立即安排救治。

- 会展组织者应告知所有参展商以及参观人员逃生步骤以及紧急逃生出口，向与会者提供预防火灾方面的资料。主办单位可印制防火手册，提供给与会者参考。

- 会展主办单位在展馆进行安全检查时，要重点检查安全设施的配备和完好情况，如是否有自动灭火系统、灭火设备是否完好有效、安全出口是否畅通等。

3. 会展旅游者

- 以参观、休闲为目的会展旅游者在参观过程中也要注意自己的言行举止，尤其是在美术馆、博物馆等地，要保持基本的参观礼仪。

- 由于大型展会人流众多而集中，旅游者应注意保管好自己的随身物品，礼貌待人，不因一些小事与他人起冲突。

- 穿上舒适的鞋子和衣物，舒缓参观的疲劳。
- 尽量选择靠近展场的酒店，这样可以节省往返时间和方便休息。
- 计划好准备参加的研讨会或参观的产品陈列室。
- 事先在接待处做好登记并提前 30 分钟到达会场，避免排长队浪费时间。
- 对于一些价格不菲的展品，参观的旅游者要注意轻拿轻放，不刻意损坏、偷盗展品。

附录1 全国各地旅游投诉电话

国家旅游局
受理时间：8:30~12:00 14:30~17:00
投诉电话：(010)65275315
传真：(010)65201522、65122096
地址：北京市建国门内大街甲9号
邮编：100740

北京市旅行社服务质量监督管理所
受理时间:8:30~12:00 14:30~17:00
投诉电话：(010)65130828
传真：(010)65158251、65158255
地址:北京市建国门外大街28号北京旅游大厦1001室
邮编:100022

天津市旅游质量监督管理所
受理时间:8:30~17:30 18:30~8:30
投诉电话：(022)28359093、28358812
传真：(022)28352324
地址:天津市河西区友谊路18号
邮编:300074

河北省旅游质量监督管理所
受理时间:9:00~11:30 14:30~17:30
投诉电话：(0311)6014239、5814239
传真：(0311)6015368
地址:河北省石家庄市育才街22号
邮编:050021

山西省旅游质量监督管理所
受理时间:8:30~11:30 13:30~17:00
投诉电话：(0351)4047544、4031616
传真：(0351)4048289
地址:山西省太原市迎泽街282号
邮编:030001

内蒙古自治区旅游质量监督管理所
受理时间:8:00~12:00 14:00~18:00
投诉电话：(0471)6282653
传真：(0471)668561
地址:内蒙古自治区呼和浩特市新华街1号
邮编:010055

续表

辽宁省旅游质量监督管理所 受理时间:24 小时 投诉电话:(024)86112228 传真:(024)6809415 地址:辽宁省沈阳市皇姑区黄河南大街 113 号 邮编:110031	吉林省旅游质量监督管理所 受理时间:8:30~11:30　13:30~17:00 投诉电话:(0431)5653030 传真:(0431)5642053 地址:吉林省长春市新民大街 14 号 邮编:130021
黑龙江省旅游质量监督管理所 受理时间:8:00~17:00 投诉电话:(0451)2324162 传真:(0451)3630860 地址:黑龙江省哈尔滨市南岗区西大直街 4 号 邮编:150001	上海市旅游质量监督管理所 受理时间:9:00~17:00 投诉电话:(021)64390630、64393615 传真:(021)64391159 地址:上海市中山西路 2525 号 邮编:200030
江苏省旅游质量监督管理所 受理时间:8:00~12:00　14:00~18:00 投诉电话:(025)3301221、3418185 传真:(025)3328795 地址:江苏省南京市中山北路 255 号 邮编:210003	浙江省旅游质量监督管理所 受理时间:8:30~11:30　14:00~17:00 投诉电话:(0571)5117419 传真:(0571)5156429 地址:浙江省杭州市石函路 1 号 邮编:310007
安徽省旅游质量监督管理所 受理时间:8:30~11:30　14:00~17:00 投诉电话:(0551)2821763 传真:(0551)2824001 地址:安徽省合肥市梅山路 4 号 邮编:230061	福建省旅游质量监督管理所 受理时间:8:30~11:30　14:00~17:00 投诉电话:(0591)7535640 传真:(0591)7538758 地址:福建省福州市东大路大营街 1 号 邮编:350001
江西省旅游质量监督管理所 受理时间:8:30~11:30　14:00~17:00 投诉电话:(0791)6269965 传真:(0791)6227860 地址:江西省南昌市福州路 35 号 邮编:330006	山东省旅游质量监督管理所 受理时间:24 小时 投诉电话:(0531)2963423 传真:(0531)2964284 地址:山东省济南市经十路 88 号 邮编:250014

河南省旅游质量监督管理所 受理时间:24 小时 投诉电话:(0371)5905110 传真:(0371)5955656 地址:河南省郑州市金水道 16 号 邮编:450003	湖北省旅游质量监督管理所 受理时间:8:00～18:00 投诉电话:(027)84818760 传真:(027)84822513 地址:湖北省武汉市汉阳青石桥小区二号楼 邮编:430050
湖南省旅游质量监督管理所 受理时间:24 小时 投诉电话:(0731)4717614 传真:(0731)4720348 地址:湖南省长沙市五里牌团结路 邮编:410001	广东省旅游质量监督管理所 受理时间:8:30～17:00 投诉电话:(020)86681163 传真:(020)86665039 地址:广东省广州市环市西路 185 号 邮编:510010
广西壮族自治区旅游质量监督管理所 受理时间:8:30～11:30 14:00～17:00 投诉电话:(0771)2612216 传真:(0771)2801041 地址:广西壮族自治区南宁市新民路 40 号 邮编:530012	海南省旅游质量监督管理所 受理时间:8:30～11:30 14:00～17:00 投诉电话:(0898)5358451,800-8768188 传真:(0898)5353074 地址:海南省海口市海府路 6 号旅游局大厦 606 室 邮编:570203
重庆市旅游质量监督管理所 受理时间:8:30～11:30 14:00～17:00 投诉电话:(023)63890134 传真:(023)3851448 地址:重庆市渝中区东子岚垭正街 63 号 邮编:404100	四川省旅游质量监督管理所 受理时间:8:30～11:30 14:00～17:00 投诉电话:(028)6654780 传真:(028)6671042 地址:四川省成都市人民南路二段 65 号 邮编:530012

续表

贵州省旅游质量监督管理所 受理时间:8:30~11:30　14:00~17:00 投诉电话:(0851)6818436 传真:(0851)6892309 地址:贵州省贵阳市中华北路346－5 号(省府大院) 邮编:550001	云南省旅游质量监督管理所 受理时间:8:00~17:00 投诉电话:(0871)3537361 传真:(0871)3174343 地址:云南省昆明市环城南路218号 邮编:650011
西藏自治区旅游质量监督管理所 受理时间:周一、周二、周五上午 投诉电话:(0891)6834193 传真:(0891)6334632 地址:西藏自治区拉萨市园林路 208号 邮编:850001	陕西省旅游质量监督管理所 受理时间:8:00~18:00 投诉电话:(029)5261437 传真:(029)5250151、5261437 地址:陕西省西安市长安北路 15号 邮编:710061
甘肃省旅游质量监督管理所 受理时间:8:30~11:30　14:00~17:00 投诉电话:(0931)8826860 传真:(0931)8418443 地址:甘肃省兰州市天水路361号 邮编:730000	青海省旅游质量监督管理所 受理时间:8:30~11:30　14:00~17:00 投诉电话:(0971)6159841 传真:(0971)8239515 地址:青海省西宁市西大街57号 邮编:810000
宁夏回族自治区旅游质量监督管理所 受理时间:8:30~11:30　14:00~17:00 投诉电话:(0951)5035449、5064975 传真:(0951)6041783 地址:宁夏回族自治区银川市解放 西街117号 邮编:750001	

附录2 我国部分官方旅游网站网址

国家旅游局	http：//www. cnta. gov. cn/
北京旅游信息网	http：//www. bjta. gov. cn/
上海旅游事业管委会	http：//lyw. sh. gov. cn/
天津旅游信息网	http：//www. tjtour. cn/
山东旅游信息网	http：//sdt. sdnews. com. cn/
广东旅游网	http：//www. gdtravel. com/
广西旅游在线	http：//www. gxta. gov. cn/
辽宁旅游信息网	http：//www. lntour. gov. cn/
吉林旅游政务网	http：//www. jlta. gov. cn/
云南旅游信息网	http：//ta. yunnantourism. com/
浙江旅游网	http：//www. tourzj. gov. cn/
福建旅游之窗	http：//www. fjta. gov. cn/
湖北旅游网	http：//www. hubeitour. gov. cn/
湖南旅游网	http：//www. hnt. gov. cn/
安徽旅游政务网	http：//www. ahta. com. cn/
河南旅游资讯网	http：//www. hnta. cn/
河北旅游网	http：//www. hebeitour. com. cn/
山西旅游信息网	http：//www. sxly. org/
海南国际旅游网	http：//www. tourism. hainan. gov. cn/
四川旅游信息网	http：//www. scta. gov. cn/
黑龙江旅游网	http：//www. hljtour. gov. cn/
新疆旅游网	http：//www. xjtour. com/

江西旅游网	http：//www. jxta. gov. cn/
甘肃旅游网	http：//www. gsta. gov. cn/
宁夏旅游政务网	http：//www. nxta. gov. cn/
青海旅游网	http：//www. qhly. gov. cn/
西藏旅游信息网	http：//www. tibettour. org/
深圳旅游网	http：//www. shenzhentour. com/
杭州旅游网	http：//www. gotohz. com/
江苏旅游政务网	http：//www. jstour. gov. cn/
济南旅游信息网	http：//www. jinanta. com/
青岛旅游信息网	http：//www. qdtravel. com/
烟台旅游资讯网	http：//www. chinatravel168. com/
威海旅游信息网	http：//www. whtra. com/
香港特别行政区旅游发展局网	http：//www. discoverhongkong. com/
澳门特别行政区政府旅游局	http：//www. macautourism. gov. mo/gb/
台湾观光资讯网	http：//www. taiwan. net. tw/

附录3　我国部分商业旅游网站网址

去哪儿网	http：//www. qunar. com/
乐途网	http：//www. lotour. com/
携程网	http：//www. ctrip. com/
艺龙网	http：//www. elong. com/
同程旅游网	http：//www. 17u. net/
中国通用旅游网	http：//www. 51766. com/
途牛旅游网	http：//www. tuniu. com/
优哉旅游网	http：//www. uzai. com/
芒果网	http：//www. mangocity. com/
全游网	http：//www. 3608. com/
穷游欧洲	http：//www. go2eu. com/
海浪网	http：//www. hailang. com/
指南针网	http：//www. ly321. com/
快乐 e 行	http：//www. etpass. com/
自游人	http：//www. 8848sz. com/
遨游旅行网	http：//www. allyou. cn/
中国旅馆网	http：//www. sobnb. com/
嗨！海南	http：//www. haihainan. com/
深圳磨房自助游	http：//www. doyouhike. net/
128 旅行网	http：//www. 128uu. com/
中华假日旅游网	http：//www. lvyou114. com/
南京旅游预订网	http：//www. njchina. com/

信天游	http：//www. travelsky. com/
张家界旅游网	http：//www. zjjok. com/
华夏旅游网	http：//www. ybhx. net/
春秋旅游网	http：//www. china – sss. com/
武夷山商贸旅游网	http：//www. wuyicity. com/
宁波旅游商务网	http：//www. ningbotour. com/
一起游旅行网	http：//www. yiqiyou. com/
天下旅游资讯网	http：//www. 1x1y. net/
甲天下旅游网	http：//www. toursky. net/
桂林旅游网	http：//www. tripguilin. com/
西安商务旅游网	http：//www. xaly. net/
秦皇岛旅游网	http：//www. qhd2008. com/
杭州旅游网	http：//www. hangzhoutrip. cn/
峨眉山平安旅游网	http：//www. 3099. net/
大陆商务旅游网	http：//www. dalu. com/
肇庆旅游资讯网	http：//www. zqtour. com/

附录4 部分国家和地区的
报警电话

中国（大陆）　报警　110　火警　119　交通事故　122

医疗急救　120

中国香港报警电话或紧急求救电话	999
中国澳门报警电话或紧急求救电话	000
加拿大报警电话或紧急求救电话	911
美国报警电话或紧急求救电话	911
俄罗斯报警电话或紧急求救电话	02
日本紧急报警电话或紧急求救电话	110
巴基斯坦报警电话或紧急求救电话	222222
印度尼西亚报警电话或紧急求救电话	510110
印度报警电话或紧急求救电话	100
孟加拉国报警电话或紧急求救电话	509922
马来西亚报警电话或紧急求救电话	999
泰国报警电话或紧急求救电话	191
菲律宾报警电话或紧急求救电话	7575
斯里兰卡报警电话或紧急求救电话	33333
新加坡报警电话或紧急求救电话	999
文莱报警电话或紧急求救电话	22333
韩国报警电话或紧急求救电话	112
奥地利报警电话或紧急求救电话	133
比利时报警电话或紧急求救电话	101
保加利亚报警电话或紧急求救电话	166

捷克报警电话或紧急求救电话	333
丹麦报警电话或紧急求救电话	112
埃及报警电话或紧急求救电话	122
芬兰报警电话或紧急求救电话	112
法国报警电话或紧急求救电话	17
德国报警电话或紧急求救电话	110
英国报警电话或紧急求救电话	999
希腊报警电话或紧急求救电话	171
匈牙利报警电话或紧急求救电话	078668
冰岛报警电话或紧急求救电话	11166
爱尔兰报警电话或紧急求救电话	999
以色列报警电话或紧急求救电话	100
意大利报警电话或紧急求救电话	113
卢森堡报警电话或紧急求救电话	5860
摩洛哥报警电话或紧急求救电话	19
荷兰报警电话或紧急求救电话	222222
挪威报警电话或紧急求救电话	报警 112　急救 113
波兰报警电话或紧急求救电话	997
葡萄牙报警电话或紧急求救电话	091
瑞典报警电话或紧急求救电话	112
瑞士报警电话或紧急求救电话	117
土耳其报警电话或紧急求救电话	5285369

附录 5　我国部分城市各月平均气温（℃）

城市＼月份温度	1月	2月	3月	4月	5月	6月	7月	8月	9月	10月	11月	12月
北京	-4.6	-2.2	4.5	13.1	19.8	24.0	25.8	24.4	19.4	12.4	4.1	-2.7
天津	-4.0	-1.6	5.0	13.2	20.0	24.1	26.4	25.5	20.8	13.6	5.2	-1.6
石家庄	-2.9	-0.1	6.6	14.6	20.9	23.6	26.6	25.0	20.3	13.7	5.7	-0.9
太原	-6.6	-3.1	3.7	11.4	17.7	21.7	23.6	21.8	16.1	9.9	2.1	-4.9
呼和浩特	-13.1	-9.1	-0.3	7.9	15.3	20.1	21.9	20.1	13.8	6.5	-2.7	-11.0
沈阳	-12.0	-8.4	0.1	9.3	16.9	21.9	24.6	23.6	17.2	9.4	0.0	-8.5
长春	-16.4	-12.7	-3.5	6.7	15.0	20.1	23.0	21.3	15.0	6.8	-3.8	-12.8
哈尔滨	-19.4	-15.4	-6.8	6.0	14.3	20.0	22.8	21.1	14.4	5.6	-5.7	-15.7
上海	3.5	4.6	8.3	14.0	18.8	23.3	27.8	27.7	23.6	18.0	12.3	6.2
南京	2.0	3.8	8.4	14.8	19.9	24.5	28.0	27.8	22.7	16.9	10.5	4.4
杭州	3.8	5.1	9.3	15.4	20.0	24.3	28.6	28.0	23.3	17.7	12.1	6.3
合肥	2.1	4.2	9.2	15.5	20.6	25.0	28.3	28.0	22.9	17.0	10.6	4.5
福州	10.5	10.7	13.4	18.1	22.1	25.5	28.8	28.2	26.0	21.7	17.5	13.1
南昌	5.0	6.4	10.9	17.1	21.8	25.7	29.6	29.2	24.8	19.1	13.1	7.5

续表

城市	1月	2月	3月	4月	5月	6月	7月	8月	9月	10月	11月	12月
济南	−1.4	1.1	7.6	15.2	21.8	26.3	27.4	26.2	21.7	15.8	7.9	1.1
台北	14.8	15.4	17.5	21.5	24.5	26.6	28.6	28.3	26.8	23.6	20.3	17.1
郑州	−0.3	2.2	7.8	14.9	21.0	26.2	27.3	25.8	20.9	15.1	7.8	1.7
武汉	3.0	5.0	10.0	16.1	21.3	25.7	28.8	28.3	23.3	17.5	11.1	5.4
长沙	4.7	6.2	10.9	16.8	21.6	25.9	29.3	28.7	24.2	18.5	12.5	7.1
广州	13.3	14.4	17.9	21.9	25.6	27.2	28.4	28.1	26.9	23.7	19.4	15.2
南宁	12.8	14.1	17.6	22.0	26.0	27.4	28.3	27.8	26.3	23.3	18.6	14.7
海口	17.2	18.2	21.0	24.9	27.4	28.1	28.4	27.7	26.8	24.8	21.8	18.7
成都	5.5	7.5	12.1	17.0	20.9	23.7	25.6	25.1	21.2	16.8	11.9	7.3
重庆	7.2	8.9	13.2	18.0	21.8	24.3	27.8	28.0	22.8	12.2	13.3	8.6
贵阳	4.9	6.5	11.5	16.3	19.5	21.9	24.0	23.4	20.6	16.1	11.4	7.1
昆明	7.7	9.6	13.6	16.5	19.1	19.5	19.8	19.1	17.5	14.9	11.3	8.2
拉萨	−2.2	1.0	4.4	8.3	12.3	15.3	15.1	14.3	12.7	8.3	2.3	−1.7
西安	−1.0	2.1	8.1	14.1	19.1	25.2	26.6	25.5	19.4	13.7	6.6	0.7
西宁	−8.4	−4.9	1.9	7.9	12.0	15.2	17.2	16.5	12.1	6.4	−0.8	−6.7
银川	−9.0	−4.8	2.8	10.6	16.9	21.4	23.4	21.6	16.0	9.1	0.9	−6.7
乌鲁木齐	−14.9	−12.7	−0.1	11.2	18.8	23.6	25.6	24.0	17.4	8.2	−1.9	−11.7

附录 6　我国部分城市各月平均降水量（mm）

降水量 城市	1 月	2 月	3 月	4 月	5 月	6 月	7 月	8 月	9 月	10 月	11 月	12 月
北　京	3.0	7.4	8.6	19.4	33.1	77.8	192.5	212.3	57.0	24.0	6.6	2.6
天　津	3.1	6.0	6.4	21.0	30.6	69.3	189.8	162.4	43.4	24.9	9.3	3.6
石 家 庄	3.2	7.8	11.4	25.7	33.1	49.3	139.0	168.5	58.9	31.7	17.0	4.5
太　原	3.0	6.0	10.3	23.8	30.1	52.6	118.3	103.6	64.3	30.8	13.2	3.4
呼和浩特	3.0	6.4	10.3	18.0	26.8	45.7	102.1	126.4	45.9	24.4	7.1	1.3
沈　阳	7.2	8.0	12.7	39.9	56.3	88.5	196.0	168.5	82.1	44.8	19.8	10.6
长　春	3.5	4.6	9.1	21.9	42.3	90.7	183.5	127.5	61.4	33.5	11.5	4.4
哈 尔 滨	3.7	4.9	11.3	23.8	37.5	77.5	160.7	97.1	66.2	27.6	6.8	5.8
上　海	44.0	62.6	78.1	106.7	122.9	158.9	134.2	126.0	150.5	50.1	48.8	40.8
南　京	30.9	50.1	72.7	93.7	100.2	167.4	183.6	111.3	95.9	46.1	48.0	29.4
杭　州	62.2	88.7	114.1	130.4	179.9	196.2	126.5	136.5	177.6	77.9	54.7	54.0
合　肥	31.8	4.98	75.6	102.0	101.8	117.8	174.1	119.9	86.5	51.6	48.0	29.4
福　州	49.8	76.3	120.0	149.7	207.5	230.2	112.0	160.5	131.4	41.5	33.1	316

续表

城市\月份	1月	2月	3月	4月	5月	6月	7月	8月	9月	10月	11月	12月
南昌	58.3	95.1	163.9	225.5	301.9	291.1	125.9	103.2	75.8	55.4	53.0	47.2
济南	6.3	10.3	15.6	33.6	37.7	78.6	217.2	152.4	63.1	38.0	23.8	8.6
台北	86.5	100.4	139.5	118.7	201.6	283.3	167.3	250.7	275.4	107.4	70.8	68.2
郑州	8.6	12.5	26.8	53.7	42.9	68.0	154.4	119.3	71.0	43.8	30.5	9.5
武汉	34.9	59.1	103.3	140.0	161.9	209.5	156.2	119.4	76.2	62.9	50.5	30.7
长沙	59.1	87.8	139.8	201.6	230.8	188.9	112.5	116.9	62.7	81.4	63.0	51.5
广州	36.9	54.5	80.7	175.0	293.8	287.8	212.7	232.5	189.3	69.2	37.0	24.7
南宁	38.0	36.4	54.4	89.9	186.8	232.0	195.0	215.5	118.9	69.0	37.8	26.9
海口	23.6	30.4	52.0	92.8	187.6	241.2	206.7	239.5	302.8	174.4	97.6	38.0
成都	5.9	10.9	21.4	50.7	88.6	111.3	235.5	234.1	118.0	46.4	18.4	5.8
重庆	20.7	20.4	34.9	105.7	160.0	160.7	176.7	137.7	148.5	96.1	50.6	26.6
贵阳	19.2	20.4	33.5	109.9	194.3	224.0	167.9	137.8	93.8	96.6	53.5	23.8
昆明	11.6	11.2	15.2	21.2	93.0	183.7	212.3	202.2	119.5	85.0	38.6	13.0
拉萨	0.2	0.5	1.5	5.4	25.4	77.1	129.5	138.7	56.3	7.9	1.6	0.5
西安	7.6	10.6	24.6	52.0	63.2	52.2	99.4	71.7	98.3	62.4	31.5	6.7
西宁	1.0	1.8	4.6	20.2	44.8	49.1	80.7	81.6	55.1	24.9	3.4	0.9
银川	1.1	2.0	6.0	12.4	14.8	19.9	43.6	55.9	27.3	14.0	5.0	0.7
乌鲁木齐	8.7	10.6	21.3	34.1	35.1	39.3	21.5	23.6	25.8	24.4	18.6	14.6

附录 7　世界部分大都市月平均气温表（℃）

月份 气温 都市	1月	2月	3月	4月	5月	6月	7月	8月	9月	10月	11月	12月
首尔（韩国）	4	0	3	13	15	20	21	25	20	13	7	0
东京（日本）	3	4	7	13	17	21	25	26	23	17	11	6
马尼拉（菲律宾）	26	26	28	29	29	29	28	28	28	27	27	26
曼谷（泰国）	26	27	29	30	30	29	28	28	28	27	27	27
新加坡	27	27	27	27	28	28	28	28	27	27	27	27
雅加达（印度尼西亚）	26	26	27	28	28	27	27	27	27	27	27	26
孟买（印度）	24	24	26	28	30	29	27	27	26	29	27	26
悉尼（澳大利亚）	22	22	21	19	15	13	12	13	15	18	20	21

续表

都市	1月	2月	3月	4月	5月	6月	7月	8月	9月	10月	11月	12月
奥克兰（纽西兰）	20	19	20	16	14	12	11	11	13	14	15	18
雅典（希腊）	9	10	12	15	20	25	27	27	24	20	15	18
罗马（意大利）	8	7	11	14	18	22	25	25	22	18	13	9
苏黎世（瑞士）	0	2	6	9	14	17	19	19	16	10	5	1
法兰克福（德国）	1	3	6	10	14	18	16	18	15	9	5	2
巴黎（法国）	3	4	7	11	13	17	19	18	16	11	7	4
伦敦（英国）	5	5	7	9	12	16	18	17	15	11	7	5
哥本哈根（丹麦）	0	0	2	9	12	15	18	17	13	9	4	1
阿姆斯特丹（荷兰）	3	3	5	9	14	15	17	18	16	11	7	4
多伦多（加拿大）	-5	-5	-1	5	12	17	20	19	15	9	3	-3
温哥华（加拿大）	3	4	7	9	13	15	16	17	13	15	7	4
纽约（美国）	0	0	4	10	16	21	24	23	21	16	7	2
旧金山（美国）	10	12	13	13	15	15	15	15	16	16	14	8

参 考 文 献

[1]小邢. 异地罚单处理 [J]. 现代汽车, 2007 (1)：78-79.

[2]现代汽车杂志编辑部. 五一自驾游车队行驶全攻略 [J]. 现代汽车, 2007 (5)：44-47.

[3]金祖良. 旅游危机处理指南 [M]. 杭州：浙江大学出版社, 2006 (5)：36.

[4]邓向国. 论处置暴乱骚乱事件的战术方法 [J]. 吉林公安高等专科学校学报, 2006, 21 (1)：33-36.

[5]吕斌. 出国旅游谨防疟疾 [J]. 家庭医学, 2001 (10)：41.

[6]刘翌, 崔宝祥. 旅行者的疟疾预防 [J]. 中国国境卫生检疫杂志, 2005 (2)：44-47.

[7]王芹, 殷文武, 窦丰满, 等. 2006 年中国登革热疫情监测分析 [J]. 疾病监测, 2009 (1)：22-24.

[8]任晓波, 吴平, 李莉, 等. 登革热的防控及健康教育 [J]. 当代护士, 2008 (1)：83-84.

[9]张洪军. 女性出游给您特殊关照 [J]. 中国保健, 2004 (4)：37.

[10]芊芊. 孕期出游完全手册 [J]. 母婴世界, 2003 (10)：19-21.

[11]吕斌. 假日旅游请善待自己的假期 [J]. 中国保健, 2001 (13)：16.

[12]"五一"长假, 妇科药箱情侣装 [J]. 婚姻与家庭：性

情读本，2007（4）：43.

[13] 苏娜. 给蜜月旅游者提个醒 [J]. 中国保健营养，2002（11）：18.

[14] 吴纪滨，郑向敏. 老年旅游的安全防范与保障 [J]. 中国职业安全卫生管理体系认证，2004（2）：66－67.

[15] 赵国良，魏淑惠，季文波，等. 旅游城市重大传染病疫情控制中人群保护措施探讨 [J]. 医学动物防制，2008，24（7）：495－497.

[16] 温本祥. 论传染病与旅游的关系及防治 [J]. 临床和实验医学杂志，2006（8）：1226－1227.

[17] 邓瑞姣，方辉，熊国强. 旅游热潮与传染病的传播 [J]. 实用预防医学，2002（8）：430－431.

[18] 刘翌，崔宝祥. 旅行者的疟疾预防 [J]. 中国国境卫生检疫杂志，2005，28（1）：44－47.

[19] 陈丽娜. 孕妇旅行卫生保健与卫生咨询 [J]. 旅行医学科学，1999，5（1）：39－40.

[20] 黎建斌. 我国残障人旅游发展对策研究 [D]. 西南大学硕士学位论文，2008.

[21] 温新华. 怎样从火灾中逃生 [J]. 城市防震减灾，1998（2）：27.

[22] 张胜前. 试析球迷闹事事件 [J]. 政法学刊，2001（6）：64－67.

[23] 肖锋. 体育赛事安全防范研究 [J]. 体育科研，2008，29（5）：13－24.

[24] 尼克·卡麦隆. SARS 个人安全手册 [M]. 天津：天津教育出版社，2006.

[25] 胡平. 会展旅游概论 [M]. 上海：立信会计出版社，2003.

后 记

　　旅游已成为推动人类富足的重要元素和主要生活方式。人们通过旅游来满足回归、放松、体验等多种生理的、心理的需求。但由于旅游目的地的自然、人文、社会、经济、治安等可控与不可控因素的存在，直接或间接地使旅游活动存在着各种安全隐患，并对旅游者的生命、财产、名誉、心理等带来风险和威胁。因此，指导旅游者安全出游就显得非常必要和重要。

　　《旅游者安全指南》主要阐述了一般旅游活动的安全问题与应对及特殊旅游者与特殊旅游活动的安全须知。内容包括安全的旅游计划制定、出游前的安全准备、旅行过程中的安全问题防范、事故发生时的处理办法以及旅游返程时应注意的安全事项；女性、老年人、残障人士等特殊群体的旅游安全须知；团队出游、自助游、自驾游等不同旅游形式的安全注意事项；旅游活动中发生自然灾害、人为灾难事件、传染性疾病等特殊危险状况的应对与处理；进行涉水旅游、沙漠旅游、山地旅游、高空旅游、冰雪旅游等特种旅游项目时的安全须知；以及在休闲娱乐场所、大型节事场所等特殊休闲场所的安全问题与应对。

　　《旅游安全管理培训系列丛书》由国家旅游局综合协调司组织编写，由华侨大学旅游学院暨中国旅游研究院旅游安全研究基地具体负责完成。本书由华侨大学旅游学院的郑向敏教授和范向丽编博士起草。华侨大学旅游学院的研究生刘丹、王雯为本书做了资料收集与整理工作，姚莹、王晶晶参与了文字核对工作。丛书编写过程历时两年，期间得到国家旅游局综合协调司历任司处领导，特别是唐兵副司长、周梅处长、龙晓华调研员等的关心与指导，综合协调司刘冬、袁璟、赵珂等人进行了辛苦的联络与沟通工作。

　　本丛书在编写过程中还参考了国内外有关的论著、研究成果和案例资料，参考引用了国家旅游局和各地方旅游局的文件资料及各种法律法规文件。在书稿的审阅讨论过程中，国家旅游局驻首尔旅游办事处刘志江主任、政策法规司郭志平，中国旅游报高舜礼主编，北京旅游委王军调研员，北京第二外国语学院的韩玉灵教授，中国科学院地理科学与资源研究所的席建超副研究员，北京派雷斯酒店管理顾问公司的张志军总经理等提出了诸多宝贵意见。对于他们富有建设性的意见和大力帮助，在此表示由衷的感谢。

　　由于编者水平有限，本丛书难免有疏漏之处，仍留有不少遗憾，敬请广大读者不吝赐教，以臻完善。

本书执行主编　范向丽　郑向敏

2011 年 12 月

统筹策划：付　蓉
责任编辑：谯　洁
封面设计：缪　惟　何　杰
责任印制：冯冬青

图书在版编目（CIP）数据

旅游者安全指南/国家旅游局综合协调司编.
--北京：中国旅游出版社，2012.1（2012.8重印）
（旅游安全管理培训系列丛书）
ISBN 978 - 7 - 5032 - 4239 - 7

Ⅰ.①旅…　Ⅱ.①国…　Ⅲ.①旅游 - 安全 - 指南
Ⅳ.①F59 - 62

中国版本图书馆 CIP 数据核字（2011）第 165753 号

书　　名：旅游者安全指南
作　　者：国家旅游局综合协调司
出版发行：中国旅游出版社
　　　　　（北京建国门内大街甲 9 号　邮编：100005）
　　　　　http：//www.cttp.net.cn　E-mail：cttp@cnta.gov.cn
　　　　　发行部电话：010 - 85166503
排　　版：北京中文天地文化艺术有限公司
经　　销：全国各地新华书店
印　　刷：三河市灵山红旗印刷厂
版　　次：2012 年 1 月第 1 版　2012 年 8 月第 2 次印刷
开　　本：880 毫米 ×1230 毫米　1/32
印　　张：6.875
印　　数：2001 - 7000 册
字　　数：174 千
定　　价：23.00 元
I S B N　978 - 7 - 5032 - 4239 - 7